LE CONSEILLER

DES

PROPRIÉTAIRES

ET DES LOCATAIRES

TRAITÉ PRATIQUE

SUIVANT LA JURISPRUDENCE ACTUELLE

DE TOUTES LES QUESTIONS RELATIVES A LA PROPRIÉTÉ

GESTION, ENTRETIEN, LOCATIONS, BAUX, RÉPARATIONS
MITOYENNETÉ, ETC.
LOIS, DÉCRETS ET ORDONNANCES

PAR

Émile BLANCHARD

ARCHITECTE, GÉRANT DE PROPRIÉTÉS
MEMBRE DE LA SOCIÉTÉ NATIONALE DES ARCHITECTES DE FRANCE
EXPERT DE COMPAGNIES D'ASSURANCES.

PARIS

<table>
<tr><td>E. BERNARD,
Libraire Éditeur
RUE DE THORIGNY, 3</td><td>CHEZ
L'AUTEUR
RUE TURENNE, 39</td></tr>
</table>

LE CONSEILLER

DES

PROPRIÉTAIRES

1275-79. — St-Ouen (Seine). — Imprimerie JULES BOYER (Soc. gén. d'Imp.)

LE CONSEILLER

DES

PROPRIÉTAIRES

ET DES LOCATAIRES

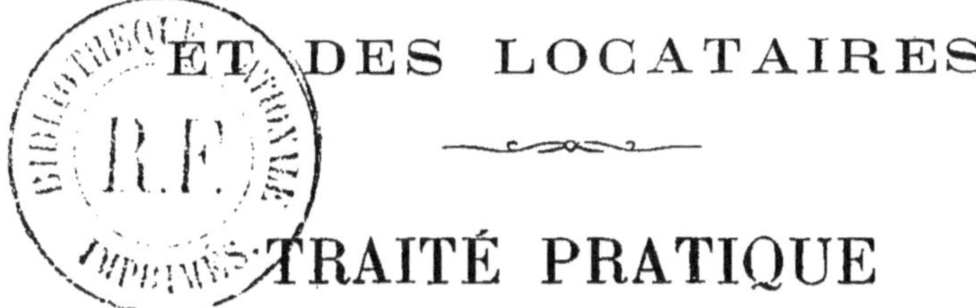

TRAITÉ PRATIQUE

SUIVANT LA JURISPRUDENCE ACTUELLE

DE TOUTES LES QUESTIONS RELATIVES A LA PROPRIÉTÉ

GESTION, ENTRETIEN, LOCATIONS, BAUX, RÉPARATIONS

MITOYENNETÉ, ETC.

LOIS, DÉCRETS ET ORDONNANCES

PAR

Émile BLANCHARD

ARCHITECTE, GÉRANT DE PROPRIÉTÉS

MEMBRE DE LA SOCIÉTÉ NATIONALE DES ARCHITECTES DE FRANCE

EXPERT DE COMPAGNIES D'ASSURANCES.

PARIS

E. BERNARD, | CHEZ
Libraire Éditeur | L'AUTEUR
RUE DE THORIGNY, 3 | RUE TURENNE, 39

1879

AVERTISSEMENT

Présenter sous la forme la plus claire et la plus précise les principes de jurisprudence concernant la propriété, éclairer chacun sur ses obligations et sur ses droits, tel est le but de cet ouvrage.

Tout ce qui a rapport aux réparations, à l'entretien et à la bonne administration des propriétés, aux usages et coutumes en vigueur, aux rapports des propriétaires entre eux ou avec leurs locataires ou bien encore avec l'administration municipale, etc., etc., est étudié avec tous les développements nécessaires, ainsi que les réparations locatives, cette source de contestations journalières.

Fort souvent les petites difficultés qui s'élèvent, soit entre propriétaires voisins, soit entre propriétaires et locataires, et qui dégénèrent parfois en procès, n'ont d'autres causes que l'ignorance où ils sont mutuellement de leurs droits ou de leurs obligations, ou la manière dont ils les interprètent.

Les traités sur la matière sont rédigés en langage juridique et s'adressent aux hommes spéciaux. L'auteur leur a emprunté une partie des éléments de cet ouvrage et, en les présentant sous une forme moins aride, s'est attaché surtout au côté pratique. L'expérience qu'il a acquise dans l'exercice de sa profession lui a fait écarter toutes les questions inutiles et étudier seulement celles dont l'application est la plus fréquente.

Il suffit de parcourir la table des matières pour se rendre compte par la nature des sujets traités que l'ouvrage répond à un besoin sérieux et que sa place est marquée dans toutes les bibliothèques.

SOMMAIRE DES CHAPITRES

PREMIÈRE PARTIE

CHAPITRE I

Construction. Devis et Marchés. Résiliation de marchés. Garantie des ouvrages et vices de construction. Servitudes naturelles et légales. Bornage. Droit de clôture. Clôture de terrains. Bâtiments en péril. Travaux sur la voie publique et dans l'intérieur des propriétés. Démolitions.

CHAPITRE II

Murs mitoyens. Réparations des murs mitoyens. Acquisition de mitoyennetés. Contremurs. Des vues sur les propriétés voisines. Fossés mitoyens. Haies mitoyennes. Clôture sur la voie publique.

CHAPITRE III

Grande voirie. Saillies sur la voie publique. Tarifs des droits de grande et de petite voirie. Puits et Puisards. Construction des trottoirs. Égouts. Construction et curage des branchements particuliers. Fosses d'aisances.

DEUXIÈME PARTIE

CHAPITRE IV

Entretien de la propriété. Grosses réparations. Réparations usufruitières. Réparations locatives. État des lieux. Modèle d'état des lieux. Changements dans les lieux loués. Logements insalubres. Écoulement des eaux vannes en égouts. Entretien des rues ou parties de rues non pavées.

CHAPITRE V

Baux, Modèles de bail et de location verbale. Denier à Dieu. Cession de bail. Profession du locataire. Payement des loyers. Congés. Contributions diverses. Balayage. Enlèvement des immondices. Glaces et neiges. Arrosage de la voie publique pendant les chaleurs. Épuisement de l'eau dans les caves. Salubrité des habitations. Incendie. Concierge. Police intérieure de la propriété. Usages et coutumes. Visite des lieux loués, réparations.

CHAPITRE VI

Ordonnance concernant les eaux de Paris, distribution, mode d'emploi, abonnement. Ordonnance concernant l'emploi du gaz dans les habitations. Règlement sur les nivellements. Loi sur l'expropriation pour cause d'utilité publique. Cours de la propriété foncière. Terrains et immeubles. Établissements insalubres. Renseignements divers.

INTRODUCTION

Les propriétés, soit qu'elles consistent en terres ou en bâtiments, donnent, par suite de leur situation, de leur construction, etc., des droits et servitudes ou charges, soit en faveur du propriétaire, soit contre lui, sans préjudice de l'intérêt général des villes ou communes dans lesquelles se trouvent les terres ou propriétés. Ces différents cas seront établis en étudiant les obligations auxquelles sont assujettis les biens-fonds voisins les uns des autres, qu'elles soient foncières, locatives ou usufruitières.

Le but du présent traité est de faire connaître aux propriétaires l'étendue de leurs droits et de leurs obligations, ainsi que les charges d'entretien des lieux loués, leur interprétation étant souvent une cause de procès entre les bailleurs et les locataires.

PREMIÈRE PARTIE

CHAPITRE PREMIER

Construction. — Devis et marchés. Résiliation. — Garantie des
ouvrages et vices de construction. — Servitudes naturelles et légales.
Bornage. — Droit de clôture. — Clôture des terrains. Bâtiments
en péril. — Bâtiments non alignés. — Travaux sur la voie publique,
dans l'intérieur des propriétés et démolitions.

Construction

En vertu du décret du 26 mars 1852, tout constructeur de maison, avant de se mettre à l'œuvre, devra
demander l'alignement et le nivellement de la voie publique au-devant de son terrain et s'y conformer.

Il devra pareillement adresser à l'Administration un
plan et des coupes cotées des constructions qu'il projette
et se soumettre aux prescriptions qui lui seront faites
dans l'intérêt de la sûreté publique et de la salubrité.

Vingt jours après le dépôt de ces plans et coupes au
secrétariat de la préfecture, le constructeur pourra commencer les travaux d'après son plan, s'il ne lui a été
notifié aucune injonction.

Une coupe géologique des fouilles pour fondations de
bâtiments sera dressée par tout architecte constructeur
et remise à la préfecture.

Toute construction nouvelle dans une rue pourvue d'égout devra être disposée de manière à y conduire les eaux pluviales et ménagères.

La même disposition sera prise pour toute maison ancienne en cas de grosses réparations.

Les travaux ne peuvent commencer qu'après avoir obtenu la permission et après payement des droits, si les plans produits sont conformes aux règlements en vigueur.

Dans les faubourgs, l'Administration ne 'peut obliger un propriétaire à construire sur l'alignement de la route ; il peut donc faire sa construction à telle distance qu'il lui plaît de l'alignement, mais elle peut le contraindre à se clore sur le dit alignement, afin de supprimer les renfoncements toujours dangereux pour la sécurité publique.

En droit administratif, les jambes étrières ou boutisses ne sont exigées que pour les murs de face sur la voie publique. A Paris, l'Administration exige des jambes étrières ou boutisses en pierres, toute les fois que les constructions à édifier ou à exhausser doivent avoir plus d'un étage sur rez-de-chaussée. Lorsqu'il s'agit de constructions n'ayant qu'un rez-de-chaussée et un étage, la jambe étrière ou boutisse n'est pas exigée.

Devis et Marchés

Sur les plans dressés par l'architecte et acceptés par le propriétaire, les entrepreneurs de travaux de différente nature sont appelés à concourir et à présenter un prix, soit en consultant le devis dressé par l'architecte, soit qu'ils préfèrent eux-mêmes en établir un nouveau.

Dans ce cas, il est d'usage de remettre à chaque entrepreneur une série de plans, un cahier des charges générales et un cahier des charges particulières à son entreprise.

Les entrepreneurs agréés par le propriétaire et l'architecte remettent leur soumission le jour fixé par l'adjudication.

Ce mode de procéder s'appelle traiter à forfait. Le mode le plus général est celui-ci :

L'entrepreneur choisi exécute, sous la direction de l'architecte les travaux que ce dernier lui commande. Il présente un mémoire que règle l'architecte en tenant compte des conditions du marché s'il y en a un. Dans le cas où l'entrepreneur n'accepte pas le règlement de son mémoire, ce qui est assez rare, il faut s'en rapporter à des experts nommés à l'amiable ou en justice.

La rédaction du contrat ou marché est fort importante. Il doit être rédigé de telle sorte que rien ne soit laissé à l'imprévu. En cas d'oubli, on suit à l'égard des conditions les usages observés dans ces sortes d'entreprises. Les obligations respectives des parties font l'objet principal du marché. Elles doivent être énoncées simplement, de sorte qu'aucune contestation ne puisse être élevée sur leur interprétation.

L'obligation principale du propriétaire est de payer les ouvrages comme il en est convenu.

Si les travaux ont été traités à forfait sur devis, l'entrepreneur ne pourra réclamer aucune augmentation sous aucun prétexte, même quand il aurait été fait des changements ou modifications aux plans. (Article 1793 du Code civil.)

Marché à forfait. — Le marché à forfait doit être rédigé sur papier timbré, car c'est un acte sous signatures privées, un contrat synallagmatique par lequel un entrepreneur s'engage moyennant le payement d'une somme déterminée, que, de son côté, le propriétaire s'engage à lui payer, à exécuter certains travaux également déterminés graphiquement et par des mémoires, que l'on désigne sous le nom de devis descriptif et cahier des charges. Le marché à forfait est, selon la loi, un contrat de louage d'ouvrages ; il est donc assujetti au droit de timbre.

Pour avoir droit à une augmentation sur le prix convenu, il faut que l'entrepreneur justifie que les modifications ont été autorisées par écrit et le prix débattu avec le propriétaire.

Résiliation de marchés

En principe, un marché ne peut être résilié que par le consentement mutuel des parties.

Cependant en règle ordinaire, un propriétaire peut rompre son marché quand il lui plaît, sauf à indemniser l'entrepreneur.

Lorsque le marché est un forfait, l'entrepreneur doit être dédommagé non seulement de ses dépenses et travaux, mais encore du gain qu'il aurait pu faire légitimement, si la construction eût été achevée.

Pour un marché de travaux qui seraient toisés et réglés, le propriétaire peut résilier son marché quand il le veut, les parties n'étant pas liées pour la totalité de l'ouvrage, et qu'il n'a été fait mention pour l'ouvrage entier, les seules conventions étant les prix à appliquer au mémoire. En retour, l'entrepreneur peut aussi résilier et il ne lui sera payé seulement que le travail exécuté, sans dédommagement pour les matériaux qu'il aurait approvisionnés ou autres.

Enfin le marché peut être résilié par les tribunaux lorsque l'une des parties, ne se conformant pas aux conventions du marché, porte préjudice à l'autre.

Un marché se trouve résilié par la mort de l'entrepreneur et ne peut être continué par le successeur ou les héritiers de celui-ci qu'avec la volonté du propriétaire, qui peut refuser, ainsi qu'il en est parlé à l'article 1795 du Code civil.

La succession de l'entrepreneur fait dresser un compte des travaux exécutés en y ajoutant les matériaux approvisionnés reconnus utiles au propriétaire, qui payera ce mémoire suivant les conventions du dit marché. (Art. 1796 du Code civil.)

Le décès de l'architecte ne peut avec raison et justice être invoqué pour motif de résiliation par l'une ou l'autre des deux parties.

Le décès du propriétaire ne résilie pas le marché avec l'entrepreneur. Les héritiers peuvent rompre ce contrat en signifiant que telle est leur volonté, mais alors en payant une indemnité complète.

Garantie des ouvrages et vices de construction

Tout architecte ou entrepreneur à qui un propriétaire confie la construction de son bâtiment s'engage à suivre les règles de l'art qu'il professe et à donner aux travaux une solidité suffisante.

L'article 1792 du Code civil donne à cet égard garantie pour le propriétaire en prononçant que, si avant l'expiration des dix premières années, le bâtiment périt en tout ou partie par vice de construction ou même par vice de sol, les architectes et les entrepreneurs en sont responsables.

Si, dans les dix années, il ne s'est produit aucun mouvement dans la construction de nature à en abréger la durée, les architectes et les entrepreneurs sont déchargés, cette époque passée, de la garantie des gros ouvrages.

La prescription des dix années ne couvre pas les fraudes qui seraient découvertes ce temps passé.

Les dix années de garantie commencent à courir du jour de la réception des travaux.

S'il n'y avait pas de procès-verbal de cette réception, la prise de possession équivant à cette formalité. Il est toujours bon de la constater par écrit.

Dès qu'il se manifeste à un bâtiment des vices de construction, le propriétaire doit immédiatement demander qu'il soit procédé à une visite par experts. Ceux-ci, dans leur rapport, fixeront les dommages, et selon le cas, le tribunal condamnera l'entrepreneur soit à en payer le montant, soit à les réparer de la façon qui sera indiquée par les experts.

La garantie de l'observation des lois du voisinage et de police ne se prescrit point par dix ans.

Servitudes naturelles et légales

Le voisinage de deux propriétés fait naître des obligations respectives ou servitudes nécessaires.

Celles résultant de la disposition des lieux sont des servitudes naturelles.

Celles résultant des lois du voisinage sont des servitudes légales; ces sortes de servitudes ont pour objet soit l'utilité publique ou communale, soit l'utilité des particuliers. (Code civil, art. 649.)

Les sources d'eau créent une servitude naturelle lorsque ces sources fournissent à la commune l'eau qui lui est nécessaire. Le propriétaire peut faire tel usage ou modifier le cours de l'eau, à la seule condition d'en laisser sortir la quantité suffisante, l'intérêt général devant passer avant celui des particuliers; sauf ce cas, celui qui a une source d'eau dans son fonds peut en user à sa volonté sans avoir égard à l'héritage inférieur sur lequel l'eau s'écoulerait si on l'abandonnait à elle-même. (Code civil, art 641.)

Une autre servitude naturelle est celle de recevoir les eaux de terrains plus élevés, si ce sont des eaux pluviales ou autres produites par la nature. (Code civil, art. 640.)

Il en résulte que vous ne pouvez construire aucun ouvrage pour empêcher les eaux de couler chez vous, mais vous pouvez faire tel travail pour en faciliter l'écoulement, le propriétaire du terrain supérieur n'ayant pas le droit d'en changer la direction.

Si pour une cause quelconque le propriétaire supérieur détournait et absorbait pour son usage les eaux que vous êtes tenus de recevoir, vous pourriez invoquer devant les tribunaux l'article 645 du Code civil, qui prononceront en conciliant vos intérêts avec le respect dû à la propriété.

Les servitudes légales, dans l'espèce qui nous occupe, par rapport à l'intérêt particulier de la propriété sont les mitoyennetés de toutes sortes avec leurs conséquences.

Bornage

L'article 646 du Code civil autorise tout propriétaire à exiger de ses voisins le bornage de ses propriétés contiguës aux leurs.

Cette opération se fait à frais communs.

Le seul moyen d'empêcher les voisins d'usurper sur votre bien est de marquer par des bornes sa délimitation.

Pour éviter des contestations ultérieures, vous devez toujours appeler le propriétaire voisin afin qu'il assiste à l'opération.

Ceci est de votre intérêt au premier chef, ce dernier pouvant exiger pour lui-même un autre bornage, ce qui augmenterait les frais.

S'il y a un emphytéote ou un usufruitier, il est prudent de les convoquer également.

Le bornage étant un acte d'administration peut être demandé par un tuteur, mais celui-ci ne peut répondre à cette même demande sans l'autorisation du conseil de famille.

Quelques auteurs pensent que le tuteur peut répondre sans cette autorisation. Si cependant il est reconnu à l'opération qu'il y ait usurpation soit au profit du mineur, soit au profit du voisin, le tuteur ne pourra restituer ou faire restituer sans une autorisation dudit conseil de famille, ce qui revient au même.

S'il est reconnu que le propriétaire qui a usurpé sur l'autre a joui paisiblement pendant le temps nécessaire à la prescription, il ne sera pas tenu de rendre, et les bornes seront placées conformément à la jouissance au moment de l'action du bornage. Il est donc du plus grand intérêt pour le propriétaire qui pense que son bien est usurpé à demander de suite le bornage.

Cette opération se fait ordinairement à l'amiable dans les formes ordinaires. — Si cependant votre voisin refuse d'obtempérer à votre demande, vous pouvez obtenir un jugement pour nomination d'experts.

Dans ce cas les frais de l'opération seront seuls supportés en totalité par la partie qui succombe.

Le procès-verbal de l'arpentage des terrains sera rédigé de telle sorte que, dans le cas où les bornes seraient déplacées , leur emplacement soit facilement retrouvé.

Le déplacement des bornes tombe sous le coup de la loi et est puni d'amende et de prison.

Droit de clôture

Tout propriétaire peut clore sa propriété quand aucune servitude ne l'oblige pas à la tenir ouverte. (Art. 647, Code civil.)

D'où il suit qu'une propriété enclavée peut-être close du moment qu'il n'est pas nécessaire de la traverser pour arriver à une autre propriété enclavée, c'est-à-dire qui n'a aucune issue pour arriver à la voie publique.

Il faut toutefois vous conformer aux lois du voisinage en respectant les servitudes naturelles, c'est-à-dire celles résultant de la disposition de deux propriétés.

Les clôtures ordinaires sont les murs en maçonnerie, les fossés et les haies.

Les clôtures sont réputées mitoyennes lorsqu'elles sont élevées par parties égales sur chacune des deux propriétés contiguës.

Quand le mur de clôture que l'on veut élever a pour but de séparer une propriété de la voie publique, le propriétaire doit demander l'alignement : au préfet du département, s'il s'agit d'une route nationale ou départementale, ou d'un chemin de grande communication; et au maire, s'il s'agit d'une voie urbaine ou d'un chemin vicinal ordinaire ou d'intérêt commun.

Clôture des terrains

Ordonnance du préfet de police du 10 juillet 1871

ARTICLE PREMIER. — Les propriétaires des terrains non bâtis, bordant soit les rues, places, quais, etc., classés au nombre des voies publiques, soit les rues, ruelles et passages ouverts au public sur des propriétés particulières, seront tenus de clore leurs terrains par des murs en maçonnerie ou par de simples barrières en charpente et planches jointes, à la condition que ces barrières auront une hauteur et une solidité suffisantes pour défendre l'accès des terrains au-devant desquels elles seront établies.

ART. 2. — La clôture des terrains vagues pourra être ajournée, si l'Administration reconnaît que ces terrains peuvent rester ouverts sans compromettre la sûreté publique ou la salubrité.

ART. 3. — Les clôtures, de quelque manière qu'elles soient établies, seront constamment entretenues en bon état pour défendre utilement l'accès des terrains, et les portes qui pourront être pratiquées dans ces clôtures devront ouvrir en dedans et être fermées au moyen de serrures ou cadenas.

ART. 4. — Il est défendu, sous les peines portées par

la loi (Code pénal, art. 456), de détruire ou dégrader les clôtures établies en vertu de la présente ordonnance.

Bâtiments en péril

1° Aussitôt que le maire est informé qu'un édifice menace ruine et présente quelque péril, il se transporte sur les lieux ou charge le commissaire de police de s'y transporter à l'effet de dresser procès-verbal de l'état des bâtiments.

2° Ce procès-verbal est signifié au propriétaire avec sommation d'avoir à faire cesser le péril dans un délai déterminé.

3° La signification est faite au domicile du propriétaire s'il réside dans l'étendue de la commune et que sa demeure soit connue, sinon elle peut être donnée à la maison même où est le péril.

4° Au jour fixé, si le propriétaire n'a pas fait cesser le péril et n'a pas répondu à la sommation du maire, celui-ci, après avoir fait de nouveau visiter le bâtiment par l'architecte voyer (comme expert), ordonne la démolition ou accorde un nouveau délai.

5° Si le propriétaire soutient que le danger n'existe pas, il a la faculté de nommer un expert pour faire la visite des lieux conjointement avec l'expert nommé par le maire.

Faute par la partie de faire sur-le-champ cette nomination, il est passé outre à la visite par l'expert municipal seul.

6° Si, lorsqu'il y a eu visite contradictoire, les deux experts ne s'accordent pas, un tiers expert est nommé par le préfet.

7° Sur le vu du rapport de l'expert ou des experts, le maire prend un arrêté pour ordonner la démolition dans un délai fixé, passé lequel délai la démolition est exécutée à la diligence du maire et aux frais du propriétaire, sauf son recours devant le préfet.

8° Le maire se pourvoit ensuite devant le tribunal à l'effet d'obtenir le remboursement des frais par privilège et préférence à toutes autres créances.

9° Les frais de démolition doivent être avancés et supportés par la commune quand ils ne peuvent être prélevés ni sur les matériaux, ni sur le fonds.

Bâtiments non alignés

Les bâtiments non alignés sont de deux sortes : ceux en retrait de l'alignement, et ceux en saillie.

Les prescriptions de l'Administration ne sont pas les mêmes pour les bâtiments placés dans l'une ou l'autre de ces conditions.

Constructions en retraite. — Les bâtiments placés en retraite de la voie publique, sans en être séparés par aucune clôture, sont assujettis au payement des mêmes droits de voirie que les bâtiments alignés.

Le propriétaire d'un bâtiment, mur de clôture, etc., en retraite de l'alignement, peut exécuter à la façade de son immeuble les mêmes travaux que si cet immeuble était aligné ; il peut même l'exhausser d'un ou de plusieurs étages, pourvu que la hauteur totale ne surpasse pas la hauteur réglementaire déterminée par la largeur légale de la rue sans avoir égard à la largeur réelle au droit de la propriété.

Bâtiments en saillie. — Les bâtiments en saillie sont

assujettis au payement des mêmes droits de voirie que ceux imposés aux bâtiments alignés.

Le propriétaire d'un bâtiment en saillie peut en général faire exécuter sur sa façade :

1° Un ravalement partiel sans reprises en ciment ou mortier, ni relancis dans la hauteur du rez-de-chaussée ;

2° Le percement ou la modification d'ouvertures en ne rétablissant les piédroits qu'avec des plâtras et ne donnant aux reprises que $0^m,16$ sur la face ;

3o La suppression d'une ouverture au moyen d'une maçonnerie de plâtras et de plâtre ;

4° L'exhaussement d'un ou de plusieurs étages sans pouvoir établir ou refaire des jambes étrières, ni exécuter aucun travail confortatif dans la hauteur du rez-de-chaussée ;

5° Le remplacement d'une pile en pierre par une pile en briques ou en moellons de la même section ou une colonne en bois ou en fonte ; d'une pile en briques par une pile en moellons ou en bois ; d'une colonne en fonte par une colonne en bois.

Un bâtiment en saillie peut être exhaussé jusqu'à la hauteur déterminée, non par la largeur légale de la rue, mais par la largeur réelle au droit de propriété.

Lorsque, par suite d'un fait de voirie quelconque, un mur mitoyen est devenu mur de face, le propriétaire a le droit d'exécuter à ce mur des travaux confortatifs, pourvu qu'il ne consolide pas le mur de face, et d'y percer des jours quand même l'Administration municipale aurait la mitoyenneté de ce mur.

Le propriétaire d'un immeuble en saillie peut également, s'il ne consolide pas le mur de face, exécuter dans la partie retranchable les travaux qu'il juge utiles, sauf à détruire lesdits travaux quand le mur de face viendra à tomber.

Travaux sur la voie publique, dans l'intérieur des propriétés et démolitions

Ordonnance du 25 juillet 1862 concernant la sûreté, la liberté et la commodité de la circulation

TRAVAUX SUR LA VOIE PUBLIQUE

Fouilles et tranchées dans le sol de la voie publique. — Travaux pour l'établissement et l'entretien des conduites d'eau et de gaz. — Travaux d'égouts.

SECTION PREMIÈRE. — *Fouilles et Tranchées.*

ART. PREMIER. — Il est défendu aux particuliers et à leurs entrepreneurs de faire aucune fouille ni tranchée dans le sol de la voie publique sans une permission spéciale du préfet de police.

Toutefois cette permission n'est point exigée pour les travaux d'établissement, de renouvellement ou de réparation des conduites d'eau ou de gaz dont la durée ne devra pas excéder quarante-huit heures.

Il suffira, dans ce cas, de prévenir le commissaire de police du quartier du commencement des travaux.

Aucune fouille ni tranchée, même autorisée par le préfet de police, ne pourra être commencée avant qu'il en ait été donné avis au commissaire du quartier.

SECTION II. — *Travaux pour l'établissement des conduites d'eau et de gaz.*

ART. 2. — Les fouilles et tranchées seront remblayées, autant que faire se pourra, au fur et à mesure de l'exécution des ouvrages.

Art. 3. — Les entrepreneurs chargés des travaux feront les dispositions convenables pour que moitié, au moins, de la largeur des rues où ils travailleront soit réservée à la circulation et qu'il ne puisse arriver d'accidents.

Art. 4. — Les terres provenant des fouilles seront retenues avec des plats-bords solidement fixés, de manière qu'elles ne puissent se répandre ni sur les trottoirs, ni sur le pavé réservé pour la circulation des piétons et que l'écoulement des eaux reste toujours libre.

Art. 5. — Les terres des remblais seront pilonnées avec soin pour prévenir les affaissements, et le pavé sera bloqué de telle sorte qu'il se maintienne partout à la hauteur du pavé environnant.

Les terres et gravois qui ne pourraient être employés dans les remblais seront enlevés immédiatement après le blocage du pavé.

Art. 6. — Les propriétaires et entrepreneurs pourvoieront au raccordement du pavé dans les quarante-huit heures de l'achèvement des travaux de pose ou réparation des conduites.

Ils seront tenus néanmoins d'entretenir les blocages en bon état jusqu'à ce que les raccordements aient été effectués.

Art. 7. — Les entrepreneurs chargés de l'entretien des conduites des eaux de la Ville, les propriétaires des conduites particulières d'eau et de gaz et leurs entrepreneurs, seront tenus, dans le cas de rupture des conduites, et chacun pour ce qui le concerne, de mettre des ouvriers en nombre suffisant pour que les réparations en soient effectuées dans les vingt-quatre heures des avertissements qu'ils auront reçus des commissaires de police, agents d'Administration et même de tous les particuliers.

Ils seront tenus provisoirement d'arrêter et de faire arrêter sur-le-champ le service desdites conduites, et de pourvoir à la sûreté de la voie publique, soit en comblant les excavations, soit en les entourant de barrières, en les éclairant pendant la nuit et en y posant au besoin des gardes.

CHAPITRE PREMIER

TRAVAUX EXÉCUTÉS DANS LES PROPRIÉTÉS RIVERAINES DE LA VOIE PUBLIQUE

Constructions et réparations.

ART. 48. — Il est défendu de procéder à aucune construction ou réparation des murs de face ou de clôture des bâtiments riverains de la voie publique sans avoir justifié, au commissaire de police du quartier où se feront les travaux, de la permission qui aura dû être délivrée à cet effet par M. le préfet de la Seine.

ART. 49. — Dans le cas de construction on ne devra commencer les travaux qu'après avoir établi une barrière en charpentes et planches jointives ayant au moins 2 m. 25 cent. de hauteur.

Cette barrière ne pourra être posée qu'avec l'autorisation du préfet de police.

Elle sera placée de manière à ne pas gêner le libre écoulement des eaux de la rue, disposée à ses deux extrémités en pans coupés de 45 degrés, et pourvue, dans sa partie la plus apparente, d'un écriteau fixe portant en lettres noires de 8 centimètres de haut, peintes à l'huile sur fond blanc, le nom et la demeure de l'entrepreneur de la construction.

Art. 50. — Les portes pratiquées dans les barrières devront, autant que possible, ouvrir en dedans. Si l'on est forcé de les faire ouvrir en dehors, on sera tenu de les appliquer contre les barrières.

Elles seront garnies de serrures ou cadenas pour être fermées chaque jour, au moment de la cessation des travaux.

Art. 51, — A moins de circonstances particulières, il ne sera pas établi de barrières devant les maisons en réparation.

On devra, pour ces réparations, faire usage d'échafauds volants ou à bascule, sans points d'appui directs sur la voie publique et de 1 m. 25 cent. au plus de saillie sur le mur de face, de telle sorte que la circulation puisse continuer sur le trottoir au pied de la maison.

Pour prévenir la chute des matériaux ou autres objets sur la voie publique, le premier plancher au-dessus du rez-de-chaussée sera, pendant toute la durée des travaux, formé de planches jointives et avec rebords.

Si l'échafaud doit avoir plus de deux étages, on sera tenu de garnir de planches l'étage d'échafaud au-dessous de celui sur lequel les ouvriers travailleront.

Art. 52. — Lorsque des circonstances particulières exigeront des points d'appui directs, ces points d'appui seront des sapines de toute la hauteur de la façade à réparer, afin d'éviter des entes de boulins les uns sur les autres.

Dans aucun cas, il ne pourra être établi d'échafauds de cette espèce, sans la permission du préfet de police.

Art. 53. — Lorsque l'Administration aura autorisé la pose d'une barrière pour des travaux de réparation, cette barrière sera établie conformément aux prescriptions des articles 49 et 50 ci-dessus.

Art. 54. — Les échafauds servant aux constructions seront établis avec solidité, et disposés de manière à prévenir la chute des matériaux et gravois sur la voie publique.

Ils devront monter de fond, et, si les localités ne le permettent pas, ils seront établis en bascule, à 4 mètres au moins du sol de la rue.

Il est défendu de les faire porter sur des écoperches ou boulins arcboutés au pied des murs de face dans la hauteur du rez-de-chaussée.

Les engins et appareils servant à monter et descendre les matériaux, devront, autant que possible, être enfermés dans les barrières.

Art. 55. — Les barrières et les échafauds montant de fond, au-devant desquels il n'existera pas de barrières, seront éclairés aux frais et par les soins des propriétaires et des entrepreneurs.

L'éclairage sera fait au moyen d'un nombre suffisant d'appliques, dont une à chaque angle des extrémités, pour éclairer les parties en retour.

Les heures d'allumage et d'extinction des appliques seront celles fixées pour l'éclairage public.

Art. 56. — Toutes les fois que l'autorité le jugera convenable, il sera établi au-devant de la barrière posée au droit des bâtiments en construction, et à la hauteur ordinaire des trottoirs, un plancher de bois solidement assemblé, d'un mètre au moins de largeur, et soutenu par une bordure en charpente solidement fixée, ayant

16 centimètres au moins de relief, au-dessus du pavé.

Ce plancher sera disposé de manière à ne pas gêner le le libre écoulement des eaux. Il devra se raccorder avec les trottoirs adjacents, s'il y en a, ou être prolongé jusqu'au mur de face des maisons voisines. Il sera entretenu en bon état et propre par l'entrepreneur qui aura obtenu la permission de poser la barrière, et ne sera enlevé qu'avec ladite barrière.

Art. 57. — Les travaux de construction ou de réparation seront entrepris immédiatement après l'établissement des barrières et échafauds et devront être continués sans interruption, à l'exception des jours fériés.

Dans le cas où l'interruption durerait plus de huit jours, les propriétaires et entrepreneurs seront tenus de supprimer les échafauds et de reporter les barrières à l'alignement des maisons voisines, ou de se pourvoir d'une autorisation du préfet de police pour les conserver.

Art. 58. — Les voitures destinées aux approvisionnements ou à l'enlèvement des terres ou gravois entreront dans l'intérieur de la propriété, toutes les fois qu'il y aura possibilité. Dans le cas contraire, elles se placeront toujours parallèlement à la maison et jamais en travers de la rue.

Art. 59. — Aussitôt le déchargement des voitures sur la voie publique, des ouvriers en nombre suffisant seront employés à rentrer sans interruption les matériaux dans l'enceinte de la barrière ou dans la maison.

Le sciage et la taille de la pierre sur la voie publique sont expressément défendus.

Art. 60. — Si, par suite de circonstances imprévues, des matériaux devaient rester pendant la nuit sur la voie publique, les propriétaires seront tenus d'en donner avis au commissaire de police du quartier, de pourvoir à l'éclairage et de prendre toutes les mesures de précaution nécessaires.

Art. 61. — Il est défendu à tous carriers, voituriers et autres, de décharger sur la voie publique, après la retraite des ouvriers, aucune voiture de pierres de taille ou moellons.

Art. 62. — L'entrepreneur des travaux de construction ou de réparation est spécialement tenu de maintenir la propreté de la voie publique dans toute l'étendue de la façade en construction ou en réparation pendant toute la durée des travaux et jusqu'à la suppression de la barrière et des échafauds.

Art. 63. — Il est défendu aux entrepreneurs, maçons, couvreurs, fumistes et autres, de jeter sur la voie publique des recoupes, plâtras, tuiles, ardoises et autres résidus des ouvrages.

Art. 64. — Tous entrepreneurs, maçons, couvreurs, fumistes, badigeonneurs, plombiers, menuisiers et autres exécutant ou faisant exécuter aux maisons et bâtiments riverains de la voie publique des ouvrages pouvant faire craindre des accidents, ou susceptibles d'incommoder les passants, seront tenus, s'il n'y a point de barrières au-devant des maisons et bâtiments, de faire stationner dans la rue, pendant l'exécution des travaux, un ou deux ouvriers âgés de dix-huit ans au moins, munis d'une règle de 2 mètres de longueur, pour avertir et éloigner les passants.

Art. 65. — Dans le cas de construction, la barrière sera supprimée aussitôt que le bâtiment sera couvert.

Pour le cas de réparation, les échafauds et les barrières, s'il en a été posé, seront enlevés immédiatement après l'achèvement des travaux.

ART. 66. — Dans les quarante-huit heures qui suivront la suppression des échafauds et barrières, les entrepreneurs feront réparer à leurs frais les dégradations du pavé résultant de la pose des barrières et échafauds, et seront tenus provisoirement de faire entretenir les blocages et de prendre les mesures convenables pour prévenir les accidents. Ils requerront l'entrepreneur du pavé de la Ville de procéder aux dites réparations, lorsque le pavé sera d'échantillon et à l'entretien de la Ville.

CHAPITRE II

Démolitions.

ART. 67. — Il est défendu de procéder à la démolition d'aucun édifice donnant sur la voie publique sans l'autorisation du préfet de police.

ART. 68. — Avant de commencer une démolition, le propriétaire et l'entrepreneur feront établir les barrières et échafauds, qui seront jugés nécessaires ; et prendront toutes les autres mesures que l'Administration leur prescrira dans l'intérêt de la sûreté publique.

Ces barrières seront disposées, éclairées et pourvues d'un écriteau, suivant les prescriptions des articles 49 et 50 concernant les barrières pour constructions.|

ART. 69. —. Lors des démolitions qui pourront faire craindre des accidents sur la voie publique, indépen damment des ouvriers munis d'une règle qu'on sera tenu de faire stationner pour avertir les passants, la circulation au pied du bâtiment sera encore défendue par une enceinte de cordes portées sur poteaux, qui comprendra toute la partie de la voie publique sur laquelle les matériaux pourraient tomber. Chaque soir, ces cordes et les poteaux seront enlevés et les trous dans le pavé bouchés avec soin.

ART. 70. — La démolition s'opérera au marteau, sans abatage et en faisant tomber les matériaux dans l'intérieur des bâtiments.

Il est défendu de déposer sur la voie publique des matériaux provenant de la démolition, sauf dans le cas de nécessité reconnue par le commissaire de police du quartier, et à la charge de les enlever au fur et à mesure du dépôt et de n'en jamais laisser la nuit.

Il est également défendu d'opérer le chargement des tombereaux sur la voie publique à l'aide de trémies.

ART. 71. — Les prescriptions de l'article 58, concernant les voitures de transport de matériaux employés dans le cas de construction, sont applicables aux tombereaux et autres voitures mis en œuvre pour les démotions.

ART. 72. — Dans le cas où il deviendrait indispensable d'interdire la circulation au droit d'un bâtiment en démolition, le barrage ne pourra avoir lieu sans l'autorisation du préfet de police.

Toutefois, en cas d'urgence, l'autorisation pourra être accordée par le commissaire de police du quartier, qui devra en informer immédiatement le préfet de police.

ART. 73. — Les travaux de démolition devront être

poursuivis sans interruption. Dès qu'ils seront terminés et les remblais nécessaires achevés, la barrière sera enlevée et il sera immédiatement pourvu, par les soins et aux frais du propriétaire ou de l'entrepreneur, à la réparation des dégradations de pavé résultant de la pose de ladite barrière ou des travaux de démolition.

Le terrain mis à découvert par la démolition sera clos à l'alignement par un mur en maçonnerie ou par une barrière en charpente et planches jointives solidement établie, ayant au moins 2 mètres 50 cent. de hauteur.

Art. 74. — Pendant toute la durée des travaux, les entrepreneurs devront tenir la voie publique en état constant de propreté aux abords des démolitions et sur tous les points qui auront été salis par suite de leurs travaux, et pourvoir au libre écoulement des eaux des ruisseaux.

Chéneaux et gouttières.

Art. 75. — Les propriétaires des maisons dont les toits sont disposés de manière que les eaux pluviales tombent directement sur la voie publique, sont tenus de faire établir des chêneaux ou des gouttières sous l'égout de ces toits, afin de recevoir les eaux, qui seront conduites jusqu'au niveau du pavé de la rue, au moyen de tuyaux de descente appliqués le long des murs de face avec 16 centimètres au plus de saillie.

Les gouttières ne pourront être que de cuivre, zinc, ou tôle étamée et seront soutenues par des corbeaux de fer.

Les tuyaux de descente ne pourront être établis qu'en fonte, cuivre, zinc, plomb ou tôle étamée, et seront retenus par des colliers de fer à scellement.

Art. 76. — Une cuillère de pierre devra être placée sous le dauphin des tuyaux de descente, lorsque ces tuyaux n'aboutiront pas à une gargouille ou à un conduit souterrain.

Art. 77. — Les chêneaux, gouttières, tuyaux de descente, gargouilles et cuillères seront constamment entretenus en bon état, de sorte que l'écoulement des eaux soit toujours parfaitement libre et régulier.

Saillies diverses et étalages de nature à nuire à la liberté et à la commodité de la circulation.

Art. 82. — Il est défendu d'établir des bornes, marches et bancs en saillie sur les trottoirs.

Les objets de cette nature existant actuellement seront supprimés sans délai.

Il sera permis toutefois, par mesure de tolérance, de conserver les marches que l'Administration reconnaîtra ne pouvoir être rentrées dans l'intérieur de la propriété, mais à la charge d'en arrondir les angles ou de les tailler en pans coupés.

Art. 83. — Il est également défendu d'établir en saillie sur la voie publique des décrottoirs au-devant des maisons et boutiques.

Les décrottoirs existant actuellement seront supprimés sans retard.

Art. 85. — Aucune banne ne devra, dans sa partie la plus basse, avoir moins de 2 mètres 50 cent. d'élévation au-dessus du sol.

Art. 86. — Les réflecteurs destinés à éclairer les devantures de boutiques devront avoir au moins 2 mètres d'élévation au-dessus du pavé ou du dallage des trottoirs.

Art. 87. — Il est défendu de faire développer des portes sur la voie publique.

Les volets et persiennes, lorsqu'ils seront ouverts, devront toujours être maintenus par leurs arrêts.

Les arrêts et crochets placés au rez-de-chaussée devront être disposés de manière à ne pas blesser les passants.

CHAPITRE II

Murs mitoyens

On appelle mur mitoyen le mur séparant deux propriétés contiguës et appartenant en commun à chacun des propriétaires.

Un propriétaire peut toujours forcer son voisin à contribuer aux frais du mur de séparation.

Moitié de l'épaisseur de ce mur est placée sur le terrain de l'un et moitié sur le terrain de l'autre.

La contribution du voisin dans les frais de construction n'est due que pour la partie dont il a besoin pour adosser ses bâtiments ou seulement à hauteur de clôture.

Vous pouvez construire le mur soit sur votre terrain, soit sur la limite des deux propriétés, soit en laissant un espace quelconque. Ce mur vous appartiendra en entier.

Cependant, dans le cas où le parement du mur est sur la limite de la propriété voisine, votre voisin peut en acquérir la mitoyenneté, soit de la totalité du mur, soit d'une partie seulement, en vous payant moitié de la construction et moitié du terrain sur lequel est fondé ce mur.

Il est toujours prudent pour celui qui construit sur la dernière limite de son terrain de faire constater, par acte passé avec son voisin, que celui-ci n'a pas contribué à cette construction. Ce dernier ne pourra, par la suite, se prévaloir, s'il n'y a pas les marques d'usage de la mitoyenneté de votre mur, qui, faute de titres, servent à établir à qui le mur est présumé appartenir.

Ainsi un mur chaperonné à deux pentes est présumé mitoyen.

Celui avec chaperon à une pente, écoulant les eaux sur votre terrain, est présumé vous appartenir en toute propriété.

Ces deux cas pour les murs formant clôture, car, pour un mur soutenant deux bâtiments, le mur est réputé mitoyen pour la partie à laquelle est adossé le bâtiment le plus petit, le surplus au-dessus des héberges appartenant en entier à celui ayant le plus grand bâtiment, lui seul en ayant besoin.

Ces présomptions pouvant être invoquées par votre voisin, il est donc d'un grand intérêt d'avoir toujours en règle les titres servant à prouver votre propriété.

Lorsque votre mur n'est pas mitoyen comme dans les cas cités plus haut, votre voisin n'a pas le droit de s'en servir, ne serait-ce que pour y appuyer une échelle, y enfoncer un clou, etc., etc., mais il peut revêtir le parement de son côté d'un enduit en plâtre ou le recouvrir de peinture, parce que ces travaux qui sont une amélioration pour le mur, ne constituent pas un usage du mur pour le propriétaire qui les exécute, mais simplement une amélioration de l'aspect et rien de plus. Il en serait autrement si le propriétaire appliquait sur le mur un ouvrage quelconque auquel le mur servirait d'appui ou qu'il supporterait. Il en serait encore autrement si le propriétaire, après avoir peint le mur, y traçait les lettres d'une enseigne ; dans ces conditions, en effet, le propriétaire userait du mur, il en tirerait profit et le voisin pourrait lui en réclamer avec droit la mitoyenneté, — à moins que le propriétaire ne préfère supprimer l'enseigne ou les ouvrages appliqués sur le mur, tels que échelle, treillage, plantes, etc.

Réparation des murs mitoyens

Chacun des copropriétaires d'un mur mitoyen doit contribuer, soit à sa réparation, soit à sa reconstruction dans la proportion de son droit à la communauté de ce mur.

Ceci, bien entendu, pour les cas seulement où les travaux sont ceux occasionnés par la vétusté du mur.

S'ils étaient le résultat de dégradations ou de toute autre cause du fait de votre copropriétaire, la totalité des frais sera supportée par lui.

Afin d'éviter des ennuis et des contestations ultérieures, demandez judiciairement nomination d'experts avec mission bien définie pour faire procéder à la reconstruction ou aux réparations, pour fixer la part contributive de chacun, s'il y a lieu, pour apprécier les dommages résultants desdits travaux et fixer l'indemnité qui vous est due.

Si le mur mitoyen avait des dimensions plus fortes que celles obligatoires, vous devez, à moins de nouvelles conventions avec votre voisin, le reconstruire dans ses dimensions primitives.

Il faut également faire décider par experts si le mauvais état du mur provient de la surcharge construite pour recevoir les bâtiments voisins et demander dédommagement quoique l'indemnité de surcharge vous ait été payée.

En général il est toujours nécessaire de consulter un homme de l'art, la plus petite dégradation pouvant porter atteinte à la solidité d'un mur et ceci variant suivant la nature des matériaux, leur épaisseur, la nature des constructions qui y sont adossées, etc.

D'après l'article 659 du Code civil, lorsque le mur mitoyen n'a pas les dimensions suffisantes pour l'usage qu'en veut faire l'un des voisins, il peut le faire reconstruire à ses frais comme il lui convient, en prenant sur sa propriété le terrain nécessaire à la plus grande épaisseur qu'il donnera au mur.

D'où il suit que, si votre mur est en bon état et est établi d'après les règles de l'art, votre voisin peut démolir et reconstruire ce même mur. Il vous doit indemnité à l'égard des pertes que vous cause cette construction. Cette indemnité est fixée par experts. Si ce mur dépasse pour les besoins du voisin l'héberge de votre bâtiment, il ne vous devra en ce cas aucune indemnité de surcharge.

La surélévation du mur mitoyen peut être faite avec une épaisseur moindre que celle donnée au mur, la surélévation doit répondre aux besoins du propriétaire qui surélève, le voisin n'a rien à y voir pourvu qu'il n'en résulte pas un dommage pour le mur mitoyen. Quant au droit de surcharge, il est du dixième de la valeur de la surcharge.

Si plus tard vous voulez vous servir de cette portion de mur, vous pouvez acquérir la mitoyenneté en payant la moitié de la dépense qu'a coûté cet exhaussement et l'excédent du terrain fourni pour l'excédent d'épaisseur, si pour exhausser il a fallu rendre le mur plus fort (art. 660 du Code civil).

Tout propriétaire qui veut faire travailler ou réparer son mur mitoyen doit en demander le consentement à son voisin. En cas de refus il doit s'adresser à la justice, car, d'après l'article 662 du Code civil, il peut être condamné à tous les dommages-intérêts qui pourraient en résulter.

On ne peut forcer son voisin à la construction d'une jambe étrière ou boutisse en pierre de taille au-dessus du rez-de-chaussée à moins que les façades des deux maisons qui se joignent ne soient construites en pierre. Celui dont la façade n'est pas en pierre est libre de ne payer que la valeur des matériaux de son mur.

Lorsqu'un mur mitoyen est suffisant pour un des deux propriétaires voisins et ne l'est pas pour la construction de l'autre, cette construction étant plus importante, celui-ci doit faire constater en justice si réellement le mur n'est pas bon pour lui, et dans ce cas il a le droit de reconstruire le dit mur à ses frais, en faisant chez le voisin tous les étaiements, clôtures provisoires et raccords nécessaires pour remettre les lieux exactement comme ils étaient avant le commencement des travaux.

Il n'est dû aucune indemnité aux locataires ou occupants pour les dommages ou incommodités qui dérivent directement du fait même de la reconstruction, pourvu que les travaux ne durent pas plus de quarante jours ; par la raison que les travaux à faire à un mur mitoyen, qu'on le reconstruise en entier ou en partie et dans le cas où les travaux sont autorisés par la loi, constituent un sinistre commun qui a dû entrer dans les prévisions du preneur aussi bien que dans celles du bailleur.

Aucune indemnité pour surcharge n'est alors due par le second constructeur.

Acquisition des mitoyennetés

D'après l'article 661 du Code civil, tout propriétaire a le droit de rendre mitoyen le mur séparant deux propriétés contiguës dans l'espèce décrite plus haut.

Voici les cas qui se présentent le plus communément.

Vous voulez acquérir la mitoyenneté d'un mur suffisant pour votre voisin, mais dont vous ne pouvez vous servir s'il n'est reconstruit complètement; vous devez d'abord payer la mitoyenneté du mur pour ce qu'elle vaut au moment de votre proposition. Alors devenant copropriétaire du mur, vous pouvez en demander la reconstruction à frais communs.

Il faut observer que si ce mur était fondé complètement sur le terrain voisin, vous ne pouvez sans le consentement écrit de celui-ci le reconstruire moitié sur chacune des propriétés.

Dans le cas de refus de votre voisin, vous lui devez dans votre indemnité le prix du terrain sur lequel il se trouve.

Lorsqu'il ne s'agit que de l'acquisition d'un mur de clôture construit pour cette seule destination, avec les matériaux et les épaisseurs d'usage, on comprend qu'il ne peut y avoir lieu à contestation, le voisin non mitoyen doit évidemment payer la moitié de la valeur du mur ainsi que la moitié du terrain sur lequel repose le mur, dans les parties dont il a besoin. Mais il se présente fréquemment ce cas que le mur qui doit servir de simple clôture pour l'un des voisins est le mur pignon de la maison de l'autre voisin. — Or, le mur pignon exige dans sa construction, on le sait, une main-d'œuvre soignée, une épaisseur relative, des matériaux mauvais conducteurs de la chaleur et inattaquables à la gelée, et quelquefois, lorsque les dimensions atteignent de grandes proportions, des chaînes en pierre pour en assurer la parfaite stabilité.

Le mur de clôture, au contraire, peut être fait avec les matériaux les plus défectueux, les plus ordinaires, qu'ils soient bons ou mauvais conducteurs de la chaleur, peu importe ; son épaisseur peut être très réduite puisqu'il n'a rien à supporter que sa propre charge ; enfin les assises peuvent être liées entre elles par les procédés les moins coûteux, avec un mélange de terre et de chaux par exemple, ou simplement avec de la terre avec chaînes en mortier de chaux ou en plâtre de distance en distance.

Il est donc de toute évidence que la valeur du mètre cube de l'un de ces murs excèdera de beaucoup la valeur du mètre cube de l'autre ; conséquemment il serait injuste de faire payer au propriétaire qui veut acquérir dans la hauteur de clôture et pour cette seule destination, une partie du mur-pignon, la valeur de ce mur-pignon.

L'article 661 du Code civil n'est donc rigoureusement applicable que lorsqu'il s'agit d'acquérir la mitoyenneté d'un mur dont on veut se servir suivant la destination pour laquelle il a été construit ; c'est là une des conséquences de la loi qui ne fait payer à chacun que ce qui lui est rigoureusement nécessaire, que ce dont il a besoin.

Si vous avez un **mur de clôture** en bon état, mais ne pouvant supporter de construction, votre voisin peut le démolir, le reconstruire et l'exhausser suivant ses besoins. Ce mur est mitoyen comme précédemment. Si plus tard vous désirez acquérir la mitoyenneté de la partie supérieure, le compte de mitoyenneté sera établi pour le mur entier, en défalquant la valeur de la clôture primitive.

Il doit être observé ici que le prix à appliquer pour ces comptes est celui de la valeur du mur au moment de l'acquisition et non celui qu'avait le mur lors de sa construction, par égard aux détériorations que subissent les matériaux, ce qui est très naturel.

Vous ne devez prendre possession de la partie de mur dont vous acquérez la mitoyenneté avant d'en avoir acquitté le prix à votre voisin, qui, jusqu'à ce moment, peut s'opposer à ce que vous en fassiez aucun usage.

La mitoyenneté est toujours obligatoire à hauteur de clôture quand vous n'avez aucune construction adossée aux murs séparatifs.

L'acquisition de la mitoyenneté d'un mur comporte toujours l'acquisition de la moitié du sol sur lequel repose ce mur, et il ne peut pas en être autrement; on conçoit, en effet, qu'un propriétaire ne peut établir sur le terrain d'autrui tout ou partie d'un mur lui appartenant exclusivement; tout mur non mitoyen est donc censé reposer sur l'héritage dont il dépend, c'est pourquoi l'article 661 du Code civil stipule que tout propriétaire joignant un mur a la faculté de le rendre mitoyen en remboursant au propriétaire du mur la moitié de sa valeur ou la moitié de la valeur de la portion qu'il veut rendre mitoyenne et moitié de la valeur du sol sur lequel le mur est bâti ; donc, si le mur n'est pas mitoyen, vous pouvez obliger votre voisin à vous acheter la mitoyenneté de la clôture ; le voisin non clos peut être contraint à vous payer en sus la moitié de la valeur du terrain sur lequel ce mur est bâti. (Art. 663 du Code civil.)

La modification du chaperon doit être faite par celui qui acquiert la mitoyenneté du mur, cette modification ayant lieu dans son seul intérêt pour affirmer son droit de mitoyenneté et pour satisfaire en définitive au principe établi par l'article 681 pour l'égout des toits.

Les servitudes dont peut être l'objet le mur mitoyen que l'on reconstruit subsistent comme auparavant, si toutefois elles n'ont pas été éteintes par la prescription. Elles revivent de la même manière, car il n'est permis de faire quoique ce soit qui puisse les aggraver.

Vous avez le droit de veiller à ce que le voisin qui construit auprès de vous prenne les précautions convenables pour éviter des accidents et de faire vérifier si ces constructions sont établies en conformité des règlements.

Lorsque le mur séparatif est complètement mitoyen, l'obligation de le couvrir résulte, pour les copropriétaires, de l'impérieuse nécessité dans laquelle ils se trouvent de faire ce travail afin d'en éviter la ruine prochaine par suite de l'infiltration des eaux pluviales. L'obligation légale de faire cette couverture de compte à demi est imposée par la situation particulière du mur mitoyen, propriété indivise. Lorsque la surélévation est faite après la construction du mur mitoyen, et qu'il ait été couvert précédemment, le propriétaire inférieur ne peut être contraint à payer la moitié des frais de couverture de la surélévation ayant déjà payé la moitié des frais de couverture du mur mitoyen, couverture enlevée par le voisin pour les besoins de sa surélévation et qu'il doit rétablir, comme il doit faire à la couverture des bâtiments de la propriété inférieure, s'il y a lieu, tous travaux de raccords nécessités par ceux de ladite surélévation.

L'un des propriétaires du mur mitoyen peut l'exhauser quand il en a besoin, et son voisin doit subir l'embarras de ce travail. La dépense qui en résulte incombe en totalité à celui qui fait faire l'exhaussement.

Le voisin ne peut aucunement s'en servir même pour y adosser des objets mobiles; mais il est libre, s'il en a besoin, d'en acquérir la mitoyenneté. Autrement le premier doit à son copropriétaire l'indemnité de surcharge.

Le propriétaire qui exhausse le mur mitoyen n'est pas tenu de surelever à ses frais, dans la hauteur de la surélévation par lui exécutée, les tuyaux de cheminée du voisin adossés contre le mur mitoyen; c'est au voisin à faire cette surélévation s'il le juge convenable et nécessaire, et ce voisin doit encore payer la mitoyenneté du mur séparatif, au droit des tuyaux, plus un pied d'aile de chaque côté, dans toute la hauteur desdits tuyaux.

Le fait de surélever un mur mitoyen constitue, aux termes de l'article 658 du Code civil, pour l'un des copropriétaires du mur, un droit strict contre lequel le voisin n'a aucune action; chacun peut user de sa propriété comme bon lui semble. Si l'usage de la propriété est légalement pratiqué à l'égard des voisins, le propriétaire n'encourt aucune responsabilité, quelque inconvénient qu'il en résulte pour eux.

Ainsi le propriétaire qui, par le fait de la construction

d'une maison, intercepte la vue dont le voisin jouissait avant la construction de cette maison n'est pas responsable du dommage causé à ce voisin, lequel doit subir les inconvénients résultant de l'exercice du droit de propriété de ses riverains. — En matière de mitoyenneté, le dommage matériel seul demande réparation, et seulement encore lorsqu'il consiste dans la destruction, dans l'intérêt exclusif du propriétaire qui construit, d'ouvrages adossés ou attenant audit mur séparatif.

Il est de jurisprudence constante que la surélévation des tuyaux de fumée d'une maison nécessitée par la construction du voisin est aux frais du propriétaire de cette maison, que cette surélévation soit nécessaire à la maison ou qu'elle soit seulement nécessaire pour ne pas nuire aux voisins.

Compte de mitoyenneté. Un compte de mitoyenneté est un acte entre deux voisins qui constate que l'un de ces voisins a satisfait à l'égard de l'autre voisin, ou que les deux voisins ont satisfait, réciproquement vis-à-vis l'une de l'autre, aux prescriptions légales des servitudes ou services fonciers.

Le compte de mitoyenneté est un titre qui constate le droit du propriétaire sur les murs qui séparent son héritage des héritages qui lui sont contigus. C'est une convention sous signatures privées qui règle la question de voisinage des murs séparatifs régie par la loi.

Les comptes de mitoyenneté doivent être dressés sur papier timbré. (Loi du 13 brumaire an VII.)

Contre-murs

En vertu de l'article 674 du Code civil, vous ne devez établir un puits, une fosse d'aisances, une cheminée, déposer des matières corrosives, à moins d'observer la distance prescrite par les règlements ou faire tel ouvrage nécessaire pour éviter de nuire à votre voisin.

Les contre-murs sont le moyen le plus généralement employé pour satisfaire aux prescriptions ci-dessus. Ils doivent toujours être construits avec le plus grand soin et en se conformant aux règlements particuliers, surtout en ce qui concerne les fosses d'aisances.

Votre voisin serait fondé à vous réclamer des dommages-intérêts en cas d'infiltration de vos ouvrages.

Il en est de même pour les puits. Vous êtes toujours responsable des dégâts que vous pourriez occasionner, sauf votre recours contre l'entrepreneur, si son temps de garantie n'est pas expiré et s'il a contrevenu aux règlements. Vous devez également construire un contre-mur pour adosser une cheminée, une forge, un fourneau, surtout s'ils doivent être employés à un usage industriel.

Dans la construction d'un mur mitoyen, entre deux propriétés dont les sols sont inégaux, il devra être construit un contre-mur du côté du terrain le plus élevé, pour empêcher la poussée des terres de jeter le mur dans la propriété inférieure.

Si l'inégalité des sols provient de la situation naturelle des propriétés, le contre-mur devra être construit aux frais du propriétaire du terrain supérieur.

Dans le cas, où les deux sols ayant été au même niveau, il plaît à l'un des propriétaires d'élever son sol en rapportant des terres ou autres matériaux, il devra établir de son côté, et à ses frais, un contre-mur, et cela, soit que le mur appartienne exclusivement au voisin, soit qu'il ait été établi à frais communs.

Il est également évident et juste que le propriétaire qui baisse le sol de sa propriété fasse établir un contre-mur pour empêcher le mur et les terres du terrain devenu supérieur de verser chez lui, autrement, il serait responsable des pertes et dommages que cela pourrait occasionner.

L'épaisseur d'un contre-mur, toutes les fois qu'il est nécessaire de l'établir, doit toujours être pris sur le terrain de celui qui est tenu de le construire.

Il n'y a pas de règle précise pour déterminer l'épaisseur d'un contre-mur, cela dépend de la hauteur des terres, de leur nature, des matériaux, etc.

Des vues sur les propriétés voisines

L'objet principal, dans les lois du voisinage, est d'établir et prévenir tout ce qui serait contraire à la salubrité, à la tranquillité et à la sécurité des citoyens dont les propriétés se touchent.

Les vues que l'on peut se procurer sur la propriété voisine sont de plusieurs sortes :

Vues ou plus communément jours de souffrance, les ouvertures pratiquées dans un mur mitoyen.

Vues légales, lorsque le mur n'est pas mitoyen et qu'il touche sans moyen la propriété voisine ; ces vues doivent être établies suivant la prescription de la loi.

Vues droites, lorsque le mur est à une certaine distance de l'autre propriété.

Enfin, les vues que, d'après la position du mur, on peut prendre chez le voisin, se nomment vues obliques.

D'après l'article 675 du Code civil, vous ne pouvez percer de jours dans le mur mitoyen fait à frais com-

muns, sans le consentement de votre voisin, qui peut s'y
refuser sans avoir à alléguer aucun motif.

Par tolérance, votre voisin peut vous laisser percer
des jours de souffrance. Il a le droit, le jour où il lui
plaît, de vous les faire boucher.

L'article 690 du Code civil permettant d'acquérir par
la prescription de trente ans les servitudes continues et
apparentes, et les jours de souffrance étant de ce
nombre, vous devez, chaque fois que vous percez ou
laissez percer un jour dans un mur mitoyen, passer acte
avec votre voisin en stipulant telles conditions que vous
voulez. Vous créez ainsi une obligation vis-à-vis l'un de
l'autre que la prescription n'atteint pas, puisqu'il y a titre.

La vue pratiquée dans le mur séparatif résultant d'un
droit, droit acquis par prescription ou autrement, ladite vue devient, nous l'avons dit, une servitude gre-
vant le fond voisin sur lequel elle est prise, et le propriétaire de ce fonds ne peut rien faire qui tende à en
diminuer l'usage ou à la rendre plus incommode.
(Art. 701, Code civil.)

De même que celui qui jouit de la servitude ne peut
la modifier de façon à aggraver la condition du fonds
servant; on conçoit facilement que dans ce cas, il n'est
plus permis à ce dernier fonds de bénéficier des termes
de l'article 661 du Code civil, dans le but de supprimer
la fenêtre ou vue existant sur lui.

Si dans un mur, la partie inférieure est mitoyenne
avec le voisin, et que la partie supérieure vous appartienne en entier, vous avez la faculté d'user exclusivement de cette partie de mur. Vous pouvez donc y pratiquer des ouvertures qui, dans ce cas, ne sont pas de
simples jours de souffrance, mais des vues légales.

Votre voisin peut les faire boucher en acquérant la mitoyenneté de cet exhaussement.

Pour avoir des vues légales, il faut être propriétaire exclusif du mur ou de son exhaussement. Les dimensions et le mode de fermeture de ces vues légales doivent être établis d'après les règlements en vigueur.

Les vues droites sont les ouvertures faites dans un mur placé en face de la propriété voisine, et à une certaine distance.

Le mur dans lequel se trouve les vues droites n'est ni mitoyen ni dans le cas de le devenir.

La loi a fixé à 19 décimètres la distance qui doit le séparer de l'héritage voisin, c'est-à-dire du parement du mur à la ligne de séparation des deux propriétés.

Un propriétaire n'est fondé à réclamer contre des vues droites que lorsqu'il en est incommodé. Ainsi, par exemple, quoique votre mur ne soit pas à la distance réglementaire d'un mur mitoyen, vous pouvez avoir des vues d'aspect. La vue droite étant bornée par ce mur et ne portant pas chez le voisin, il ne peut vous obliger à transformer vos vues droites en vues légales, que si lui-même pratiquait dans son mur des ouvertures qui, dans ce cas, seraient également des vues légales.

De même, si votre voisin abattait son mur, vos vues droites plongeant sur sa propriété, il peut vous obliger à les fermer comme des vues légales.

Les vues obliques, c'est-à-dire celles qui sont à droite et à gauche de l'ouverture par laquelle vous regardez, subissent les mêmes servitudes que les précédentes.

Les règlements fixent également la distance qui doit exister entre l'arête du tableau de la baie et la ligne de séparation des deux propriétés.

Fossés mitoyens

Toute espèce de fossé séparant deux propriétés est réputé mitoyen, s'il n'y a titre ou marque du contraire. Ceci conformément à l'article 653 concernant les murs de séparation.

Les principes généraux concernant spécialement les murs mitoyens peuvent s'appliquer aux fossés, qui sont une clôture d'un autre genre.

Haies mitoyennes

De même que pour les murs et fossés, les haies séparant deux propriétés sont réputées mitoyennes s'il n'y a titre ou marque du contraire.

L'entretien se fait également à frais communs. On peut renoncer à la mitoyenneté d'une haie en abandonnant le terrain sur lequel elle se trouve plantée, en suivant le même principe que pour les murs.

Un propriétaire qui veut planter une haie de séparation ne peut pas exiger que son voisin y contribue. En retour celui à qui une haie appartient exclusivement n'est pas tenu d'en céder la mitoyenneté.

Clôture sur la voie publique

La clôture d'une propriété doit toujours être faite à l'alignement qui sera donné par l'autorité compétente, car cette dernière peut toujours contraindre tout propriétaire à faire cette clôture et cela dans l'intérêt de la sûreté publique.

Quand le mur de clôture que l'on veut élever a pour but de séparer une propriété de la voie publique, le

propriétaire doit en demander l'alignement au préfet du
département s'il s'agit d'une route nationale, départementale, ou d'un chemin de grande communication ; au
maire s'il s'agit d'une voie urbaine ou d'un chemin vicinal ou d'intérêt commun.

Aussitôt les droits de voirie acquittés et la permission de construire reçue, le propriétaire peut exiger que
l'Administration lui détermine sur place les points de repère indiqués dans la permission. Il est dressé un procès-verbal de l'opération, signé des parties et dont une
des expéditions reste entre les mains du propriétaire.

CHAPITRE III

Grande voirie

Décret sur la grande voirie de Paris. (26 mars 1852.).

ARTICLE PREMIER. — Les rues de Paris continueront
à être soumises au régime de la grande voirie.

ART. 2. — Dans tout projet d'expropriation pour l'é-
largissement, le redressement ou la formation des rues
de Paris, l'Administration aura la faculté de comprendre
la totalité des immeubles atteints, lorsqu'elle jugera que
les parties restantes ne sont pas d'une étendue ou d'une
forme qui permette d'y élever des constructions salubres.

Elle pourra pareillement comprendre dans l'expropriation des immeubles en dehors des alignements,
lorsque leur acquisition sera nécessaire pour la suppression d'anciennes voies publiques jugées inutiles.

Les parcelles de terrains acquises en dehors des alignements, et non susceptibles de recevoir des constructions salubres, seront réunies aux propriétés contiguës,
soit à l'amiable, soit par l'expropriation de ces propriétés
conformément à l'art. 33 de la loi du 16 septembre 1789.

La fixation du prix de ces terrains sera faite suivant les mêmes formes et devant la même juridiction que celle des expropriations ordinaires.

L'article 58 de la loi du 3 mai 1841 est applicable à tous les actes et contrats relatifs aux terrains acquis pour la voie publique par simple mesure de voirie.

Art. 3. — A l'avenir, l'étude de tout plan d'alignement de rue devra nécessairement comprendre le nivellement ; celui-ci sera soumis à toutes les formalités qui régissent l'alignement,

Tout constructeur de maison, avant de se mettre à l'œuvre, devra demander l'alignement et le nivellement de la voie publique au-devant de son terrain et s'y conformer.

Art. 4. — Il devra pareillement adresser à l'Administration un plan et des coupes cotés des constructions qu'il projette, et se soumettre aux prescriptions qui lui seront faites dans l'intérêt de la sûreté publique et de la salubrité.

Vingt jours après le dépôt de ces plans et coupes au secrétariat de la Préfecture de la Seine, le constructeur pourra commencer les travaux d'après son plan s'il ne lui a été notifié aucune injonction.

Une coupe géologique des fouilles pour fondation de bâtiments sera adressée par tout architecte-constructeur et remise à la Préfecture de la Seine.

Art. 5. — Les façades des maisons seront constamment tenues en bon état de propreté. Elles seront grattées, repeintes ou badigeonnées au moins une fois tous les dix ans, sur l'injonction qui sera faite au propriétaire par l'autorité municipale. Les contrevenants seront passibles d'une amende qui ne pourra excéder 100 francs.

Art. 6. — Toute construction nouvelle dans une rue pourvue d'égout devra être disposée de manière à y conduire les eaux pluviales et ménagères.

La même disposition sera prise pour toute maison ancienne en cas de grosses réparations, et en tout cas avant dix ans.

Art. 7. — Il sera statué par un décret ultérieur, rendu dans la forme des règlements d'administration publique, en ce qui concerne la hauteur des maisons, les combles et les lucarnes.

Art. 8. — Les propriétaires riverains des voies publiques empierrées supportent les frais de premier établissement des travaux, d'après les règles qui existent à l'égard des propriétaires riverains des rues pavées.

Art. 9. — Les dispositions du présent décret pourront être appliquées, à toutes les villes qui en feront la demande, par des décrets spéciaux rendus dans la forme des règlements d'administration publique.

Saillies sur la voie publique

Il est défendu à tous propriétaires et locataires entrepreneurs ou autres d'établir ou de faire établir des saillies sur la voie publique, soit de grande ou petite voirie, sans en avoir obtenu la permission de l'Administration.

Ordonnance du roi, contenant règlement sur les saillies dans la ville de Paris, du 24 décembre 1823 :

TITRE PREMIER. — **Dispositions générales**

Article premier. — Il ne pourra, à l'avenir, être établi sur les murs de face des maisons de notre bonne

ville de Paris aucune saillie autre que celles déterminées par la présente ordonnance.

« Art. 2. — Toute saillie sera comptée à partir du
nu du mur au-dessus de la retraite.

TITRE II. — Dimension des saillies

« Art. 3. — Aucune saillie ne pourra excéder les
dimensions suivantes :

Section première. — Saillies fixes.

« Pilastres et colonnes en pierre :
« Dans les rues au-dessous de 8 mètres de lar-
    « geur. . . . . 0^m03
« Dans les rues de 8 à 10 mètres de largueur   0 04
« Dans les rues de 12 mètres de largeur et
    au-dessus. 0 10

« Lorsque les pilastres et les colonnes auront une
épaisseur plus considérable que les saillies permises,
l'excédent sera en arrière de l'alignement de la propriété et le nu du mur de face formera arrière-corps à
l'égard de cet alignement; toutefois, les jambes étrières
ou boutisses devront toujours être placées sur l'alignement.

« Dans ce cas, l'élévation des assises de retraite sera
réglée à partir du sol :
« Dans les rues de 10 mètres de largeur et au-
dessous, à. . . . . 0^m80
« Dans celles de 10 à 12 mètres de largeur .   1 00
« Dans celles de 12 mètres et au-dessus . .   1 15
« Grands balcons 0 80
« Herses, chardons, artichauts et fraises . . 0 80

« Auvents de boutiques . . . . : . 0 80

« Petits auvents au-dessus des croisées. . . 0 25

« Bornes dans les rues au-dessus de 10 mètres

    « de largeur . . . . : 0 50

« Bornes dans les rues de 10 mètres et au-dessus 0 80

« Bancs de pierre au côté des portes des mai-

    « sons 0 60

« Corniches en menuiserie sur boutiques . . 0 50

« Abat-jour de croisées, dans la partie la plus

    « élevée 0 33

« Moulinets de boulangers et poulies . . . 0 50

« Petits balcons y compris l'appui des croisées 0 22

« Seuils, socles 0 22

« Colonnes isolées en menuiserie 0 16

« Colonnes engagées en menuiserie 0 16

« Pilastres en menuiserie 0 16

« Barreaux et grilles de boutiques 0 16

« Appuis de boutiques 0 16

« Tuyaux de descente ou d'évier 0 16

« Cuvettes 0 16

« Devantures de boutiques, toute espèce d'or-

    nements compris 0 16

« Tableaux, enseignes, bustes, reliefs, mon-

    tres, attributs, y compris les bordures, sup-

    ports et les points d'appui 0 16

« Jalousies 0 16

« Persiennes ou contrevents 0 11

« Appuis de croisées 0 08

« Barres de supports 0 08

« (Les parements de décorations au-dessus du

    rez-de-chaussée n'auront que l'épaisseur

    des bois appliqués au mur.)

Section II. — Saillies mobiles

« Lanternes ou transparents avec potence . . 0 75

« Lanternes ou transparents en forme d'applique 0 22

« Tableaux, écussons, enseignes, montres,
attributs, y compris les supports, bordures,
crochets et points d'appui 0 16

« Appuis de boutiques, y compris les barres et
crochets. , ... 0 16

« Volets, contrevents ou fermetures de boutiques. 0 16

« Art. 4. — Les saillies déterminées par l'article
précédent pourront être restreintes suivant les localités. »

TITRE III. — Dispositions relatives à chaque espèce de saillie

Section première. — Barrières au-devant des maisons.

Art. 5. — Il est défendu d'établir des barrières fixes
au-devant des maisons et de leurs dépendances, quelles
qu'elles puissent être, tant dans les rues et places que
sur les boulevards, à moins qu'elles ne soient reconnues
nécessaires à la propreté et qu'elles ne gênent point la
circulation.

« La saillie de ces barrières ne pourra, dans aucun
cas, excéder 1^{m},50.

Art. 6. — Les propriétaires auxquels il aura été
accordé la permission d'établir des barrières seront
obligés de les maintenir en bon état.

Section II. — Bancs, pas, marches, perrons, bornes.

Art. 7. — Il ne sera permis de placer des bancs au-
devant des maisons que dans les rues de 10 mètres de

largeur et au-dessus. Ces bancs seront en pierre, ne dé-
passeront pas l'alignement de la base des bornes, et seront établis, dans toute leur longueur, sur maçonnerie
pleine et chanfreinée.

« ART. 8. — Il est défendu de construire des perrons
en maçonnerie sur la voie publique.

Les perrons actuellement existants seront supprimés,
autant que faire se pourra, lorsqu'ils auront besoin de
réparations.

« Il ne sera accordé de permissions que pour les pas
et marches, lorsque les localités l'exigeront. Ces pas et
marches ne pourront dépasser l'alignement de la base
des bornes.

En cas d'insuffisance de cette saillie, le propriétaire
rachètera la différence de niveau en se retirant sur lui-
même.

Néanmoins, les propriétaires des maisons riveraines
des boulevards intérieurs de Paris pourront être autorisés à construire des perrons au-devant des dites maisons, s'il est reconnu qu'ils sont absolument nécessaires
et que les localités ne permettent pas aux propriétaires
de se retirer sur eux-mêmes.

« Ces perrons quelle qu'en soit la forme, ne pourront, sans aucun prétexte, excéder 1 mètre de saillie
tout compris, ni approcher à plus de 1 mètre de distance
de la ligne extérieure des arbres de la contre-allée.

ART. 9. — Il est permis d'établir des bornes aux
angles saillants des maisons formant encoignure de rues,
mais lorsque ces encoignures seront disposées en pan
coupé de 60 centimètres au moins et de 1 mètre au plus
de largeur, une seule borne sera placée au milieu du pan
coupé.

Section III. — *Grands balcons.*

« Art. 10. — Les permissions d'établir de grands balcons ne seront accordées que dans les rues de 10 mètres de largeur et au-dessus, ainsi que dans les places et carrefours, et ce d'après une enquête de *commodo et incommodo*.

« S'il n'y a point d'opposition, les permissions seront délivrées. En cas d'opposition, il sera statué par le Conseil d'Etat.

« Dans aucun cas, les grands balcons ne pourront être établis à moins de 6 mètres du sol de la voie publique.

« Le préfet de police sera toujours consulté sur l'établissement des grands et petits balcons.

Section IV. — *Constructions provisoires, échoppes.*

Art. 11. — Il pourra être permis de masquer par des constructions provisoires ou des appentis tout renfoncement de deux maisons, pourvu qu'il n'ait pas au delà de 8 mètres de longueur et que sa profondeur soit au moins de 1 mètre. Ces constructions ne devront, dans aucun cas, excéder la hauteur du rez-de-chaussée, et elles seront supprimés dès qu'une des maisons attenantes subira retranchement.

« Il est permis de masquer par des constructions légères, en forme de pan coupé, les angles de toute espèce de retranchement au-dessus de 8 mètres de longueur, mais sous la même condition que ci-dessus pour leur établissement et leur suppression.

« Le préfet de police sera toujours consulté sur les demandes formées à cet effet.

« Arr. 12. — Il est expressément défendu d'établir des échoppes en bois, ailleurs que dans les angles et renfoncements, hors de l'alignement des rues et places.

« Toutes les échoppes existantes qui ne sont point conformes aux dispositions ci-dessus seront supprimées lorsque les détenteurs actuels cesseront de les occuper, à moins que l'autorité ne juge nécessaire d'en ordonner plus tôt la suppression.

Section V. — Auvents et corniches de boutiques.

Art. 13. — Il est défendu de construire des auvents et corniches en plâtre au-dessus des boutiques. Il ne pourra en être établi qu'en bois, avec la faculté de les revêtir extérieurement de métal : Toute autre manière de les couvrir est prohibée.

Les auvents et corniches en plâtre actuellement établis au-dessus des boutiques ne pourront être réparés. Ils seront démolis lorsqu'ils auront besoin dé réparations et ne seront rétablis qu'en bois.

Section VI. — Enseignes.

Art. 14. — Aucuns tableaux, enseignes, montres, étalages et attributs quelconques, ne seront suspendus, attachés ni appliqués, soit aux balcons, soit aux auvents; leurs dimensions seront déterminées au besoin par le préfet de police, suivant les localités. Il pourra néanmoins être placé sous les auvents des tableaux ou plafonds en bois, pourvu qu'ils soient posés dans une direction inclinée.

Tout étalage formé de pièces d'étoffes disposées en draperie et guirlande, et formant saillie est interdit au rez-de-chaussée.

Il ne pourra descendre qu'à 3 mètres du sol de la voie publique.

Tout crochet destiné à soutenir des viandes en étalage devra être placé de manière à ce que les viandes ne puissent excéder le nu des murs de face ni faire aucune saillie sur la voie publique.

SECTION VII. — *Tuyaux de poêle et de cheminée.*

ART. 15. — A l'avenir, et pour toutes les maisons de construction nouvelle, aucun tuyau de poêle ne pourra déboucher sur la voie publique.

Dans l'année de la publication de la présente ordonnance, les tuyaux de poêle crêtés et autres qui débouchent actuellement sur la voie publique, seront supprimés, s'il est reconnu qu'ils peuvent avoir une issue intérieure.

Dans le cas où la suppression ne pourrait avoir lieu, ces mêmes tuyaux seraient élevés jusqu'à l'entablement, avec les précautions nécessaires pour assurer leur solidité et empêcher l'eau rousse de tomber sur les passants.

ART. 16. — Les tuyaux de cheminée en maçonnerie et en saillie sur la voie publique seront démolis et supprimés lorsqu'ils seront en mauvais état ou que l'on fera de grosses réparations dans les bâtiments auxquels ils sont adossés.

Les tuyaux de cheminée en tôle, en poterie et en grès, ne pourront être conservés extérieurement sous aucun prétexte.

SECTION VIII. — *Bannes.*

ART. 17. — La permission d'établir des bannes ne sera donnée que sous la condition de les placer à

3 mètres au moins au-dessus du sol dans la partie
la plus basse, de manière à ne pas gêner la circulation.

Leurs supports seront horizontaux. Elles n'auront de
joues qu'autant que les localités le permettront, et les
dimensions en seront déterminées par l'autorité.

Les bannes devront être en toile ou en coutil, et ne
pourront, dans aucun cas, être établies sur châssis.

La saillie des bannes ne pourra excéder 1ᵐ 50.

Dans l'année de la publication de la présente ordonnance, toutes les bannes qui ne seront pas conformes
aux conditions exigées plus haut seront changées,
réduites ou supprimées.

SECTION IX. — Perches.

ART. 18. — Les perches et étendoirs des blanchis-
seuses, teinturiers, dégraisseurs, couverturiers, etc.,
ne pourront être établis que dans les rues écartées et
peu fréquentées, et après une enquête de commodo et
incommodo, sur laquelle il sera statué, comme il a été
dit en l'article 10 ci-dessus.

SECTION X. — Éviers.

ART. 19. — Les éviers pour l'écoulement des eaux
ménagères seront permis, sous la condition expresse
que leur orifice extérieur ne s'élevera pas à plus de
un décimètre au-dessus du pavé de la rue.

SECTION XI. — Cuvettes.

ART. 20. — A l'avenir et dans toutes les maisons de
construction nouvelle, il ne pourra être établi, en saillie
sur la voie publique, aucune espèce de cuvette pour

l'écoulement des eaux ménagères des étages supérieurs.

Dans les maisons actuellement existantes, les cuvettes placées en saillie seront supprimées lorsqu'elles auront besoin de réparations, s'il est reconnu qu'elles peuvent être établies à l'intérieur. Dans le cas contraire, elles seront disposées, autant que faire se pourra, de manière à recevoir les eaux intérieurement, et garnies de hausses pour prévenir le déversement des eaux et toute éclaboussure au-dessous.

Section XII. — Constructions en encorbellement.

Art. 21. — A l'avenir, il ne sera permis aucune construction en encorbellement, et la suppression de celles qui existent aura lieu toutes les fois qu'elles seront dans le cas d'être réparées.

Section XIII. — Corniches ou entablements.

Art. 22. — Les entablements ou corniches en plâtre, au-dessus de 16 centimètres de saillie, seront prohibés dans toutes les constructions de bois.

Il ne sera permis d'établir des corniches ou entablements de plus de 16 centimètres de saillie qu'aux maisons construites en pierre ou moellons, sous la condition que ces corniches seront en pierre de taille ou en bois et que la saillie n'excédera, dans aucun cas, l'épaisseur du mur à sa sommité.

On pourra permettre des corniches ou entablements en bois sur les pans en bois.

Les entablements ou corniches des maisons actuellement existantes qui auront besoin d'être reconstruits en tout ou en partie seront réduits à la saillie de 16 centimètres, s'ils sont en plâtre, et ne pourront excéder en saillie l'épaisseur du mur à sa sommité, s'ils sont en pierre ou en bois.

Section XIV. — Gouttières saillantes.

Art. 23. — Les gouttières saillantes seront supprimées en totalité, dans le délai d'une année, à partir de la publication de la présente ordonnance.

Il ne sera perçu aucun droit de petite voirie pour les tuyaux de descente qui seront établis en remplacement des gouttières saillantes supprimées dans ce délai.

Section XV. — Devantures de boutiques.

Art. 24. — Les devantures de boutiques, montres, bustes, reliefs, tableaux, enseignes et attributs fixes, dont la saillie excède celle qui est permise par l'article 3 de la présente ordonnance seront réduits à cette saillie lorsqu'il y sera fait quelques réparations.

Dans aucun cas, les objets ci-dessus désignés qui sont susceptibles d'être réduits ne pourront subsister, savoir les devantures de boutiques au delà de neuf années, et les autres objets au delà de trois années à compter de la publication de la présente ordonnance.

Les établissements du même genre qui sont mobiles seront réduits dans l'année.

Seront supprimées, dans le même délai, toutes saillies fixes placées au-devant d'autres saillies.

Art. 25. — Il n'est point dérogé aux dispositions des anciens règlements concernant les saillies, ni au décret du 13 août 1810, concernant les auvents des spectacles et de l'esplanade des boulevards, en tout ce qui n'est pas contraire à la présente ordonnance.

*Ordonnance de police rendue pour l'exécution de l'ordon-
nance royale du 24 décembre 1823, sur les saillies.*

SECTION PREMIÈRE

ARTICLE PREMIER. — L'ordonnance du roi du 24 décembre dernier, portant règlement sur les saillies, auvents et constructions semblables à permettre dans la
ville de Paris, sera imprimée et affichée.

SECTION II. — *Saillies à établir.*

ART. 2. — Il est défendu à tous propriétaires, locataires, entrepreneurs et autres, d'établir, ni de faire
établir aucun objet de saillie sur la voie publique sans
en avoir obtenu la permission du préfet de police, pour
ce qui concerne la petite voirie.

ART. 3. — Les permissions seront délivrées sur les
demandes des parties intéressées, après que les droits
de petite voirie auront été acquittés.

L'espèce, le nombre et les dimensions des objets à
établir devront, autant que faire se pourra, être indiqués sur les demandes. On sera tenu d'y joindre les
plans qui seront jugés nécessaires.

ART. 4. — Il est défendu d'excéder les limites et les
dimensions fixées par les permissions, et d'établir d'autres objets que ceux qui y seront spécifiés.

Il est enjoint, en outre, de remplir exactement les
conditions particulières qui seront exprimées dans les
permissions.

ART. 5. — Les emplacements affectés à l'affiche des
lois et actes de l'autorité publique ne devront être
couverts par aucune espèce de saillie.

ART. 6. — Il est défendu de dégrader ni masquer les

inscriptions indicatives des rues et des numéros des maisons.

Dans le cas où l'exécution des ouvrages nécessiterait momentanément la dépose des inscriptions des rues, il ne pourra y être procédé qu'avec l'autorisation de M. le préfet de la Seine.

Les numéros des maisons qui auront été effacés ou dégradés, à l'occasion des mêmes ouvrages, seront rétablis, en se conformant aux règlements sur la matière.

Art. 7. — Il est également défendu de dégrader ni déplacer les tentures et boîtes des réverbères de l'illumination publique, ni de rien entreprendre qui puisse empêcher ou gêner le service de l'allumage.

Si l'établissement des saillies nécessitait le déplacement desdites tentures ou boîtes, ce déplacement ne pourra être fait que par l'entrepreneur général de l'illumination et d'après l'autorisation de M. le préfet de police.

Art. 8. — Toute saillie qui ne reposerait pas sur le sol sera fixée et retenue de manière à prévenir toute espèce d'accidents.

Art. 9. — Il sera procédé à la vérification et au recolement des saillies par les commissaires de police des quartiers respectifs, ou par l'architecte commissaire et les architectes inspecteurs de la petite voirie, qui dresseront, à ce sujet, des procès-verbaux ou rapports qu'ils nous transmettront.

Section III. — Saillies établies.

Art. 10. — Toute saillie établie en vertu d'autorisation ne pourra être renouvelée ni réparée sans la permission du préfet de police, en ce qui concerne la petite voirie.

Les permissions seront délivrées, ainsi qu'il est dit à l'article 3 de la présente ordonnance, et à la charge de se conformer aux dispositions des articles 4, 5, 6, 7 et 8; ce qui sera constaté de la manière prescrite en l'article 9.

ART. 11. — Les propriétaires seront tenus de faire enlever toutes les saillies actuellement existantes qui masquent les inscriptions des rues et les numéros des maisons.

Le remplacement de ces saillies sur d'autres points ne pourra avoir lieu sans une autorisation de la préfecture de police.

ART. 12. — Toute saillie actuellement existante et non autorisée sera supprimée, si mieux n'aiment les propriétaires ou locataires se pourvoir de la permission nécessaire pour la conserver.

Les permissions ne seront accordées que suivant les formalités, et aux mêmes charges et conditions que celles indiquées en la deuxième section de la présente ordonnance.

ART. 13. — Il est défendu de repeindre, ni faire repeindre aucune saillie sans déclaration préalable au commissaire de police du quartier. A défaut de déclaration, les saillies repeintes seront considérées comme saillies nouvelles, s'il n'y a preuve contraire, et, comme telles, sujettes au droit.

SECTION IV. — *Dispositions particulières concernant certaines saillies :*

Perches

ART. 14. — Les perches dont l'établissement sera autorisé seront supprimées sans délai, dans le cas où les impétrants changeraient de domicile ou renonceraient à la profession qui exigeait l'usage de cette saillie.

Il est défendu de déposer sur les perches des linges, étoffes et autres matières tellement mouillées que les eaux puissent tomber dans la rue.

Lanternes ou transparents.

ART. 15. — A l'avenir, les lanternes ou transparents ne pourront être suspendus à des potences au moyen de cordes et poulies. Ils seront accrochés aux potences par des anneaux et crochets en fer, ou supportés par des tringles en fer contenues dans des coulisses et arrêtées avec serrure ou cadenas.

Les transparents actuellement munis de cordes et poulies seront établis conformément aux dispositions ci-dessus lorsqu'ils seront renouvelés.

ART. 16. — Les transparents ne seront mis en place que le soir et seront retirés aux heures où ils cessent d'éclairer.

ART. 17. — Il est défendu de suspendre, pendant le jour, aux cordes des transparentes, des pierres, plombs ou autres matières pouvant, par leur chute, blesser les passants.

Bannes.

ART. 18. — Les bannes ne seront mises en place qu'au moment où le soleil donnera sur les boutiques qu'elles sont destinées à abriter. Elles seront ôtées aussitôt que les boutiques ne seront plus exposées aux rayons du soleil.

Néanmoins, les bannes placées au-devant des boutiques, sur les quais, places et boulevards intérieurs, pourront être conservées dans le cours de la journée, s'il est reconnu qu'elles ne gênent point la circulation.

Étalages.

Art. 19. — Les crochets, tringles, planches et toutes saillies servant aux étalages de viandes, formés par les marchands bouchers, charcutiers et tripiers, seront enlevés dans le délai d'un mois à compter de la date de la présente ordonnance.

Art. 20. — Les étalages formés de tonneaux, caisses, tables, bancs, châssis, étagères, meubles et autres objets journellement déposés sur la voie publique, au-devant des boutiques, sont expressément interdits.

Décrottoirs.

Art. 21. — Il est défendu d'établir en saillie, sur la voie publique, des décrottoirs au-devant des maisons et boutiques.

Ceux actuellement existants seront supprimés dans le délai de huit jours.

Section V. — *Dispositions générales.*

Art. 22. — Le pavé de la voie publique, dégradé ou dérangé à l'occasion des établissements, réparations, changements ou suppression de saillies, sera rétabli aux frais des propriétaires ou locataires par l'un des entrepreneurs du pavé de Paris et non par d'autres, sous la direction de l'ingénieur en chef, chargé de cette partie.

Art. 23. — Les permissions de petite voirie seront délivrées sans que les impétrants puissent en induire aucun droit de concession de propriété ni de servitude sur la voie publique, mais à la charge, au contraire, de supprimer ou réduire les saillies au premier ordre de l'autorité, sans pouvoir prétendre aucune indemnité, ni la restitution des sommes payées comme droit de voirie.

Aʀᴛ. 24. — Les saillies autorisées devront être établies dans l'année, à compter de la date des permissions. Dans le cas contraire, les permissions seront périmées et annulées, et l'on sera tenu d'en prendre de nouvelles.

Aʀᴛ. 25. — Les contraventions aux dispositions de la présente ordonnance seront constatées par des procès-verbaux ou rapports qui nous seront transmis, pour être pris telle mesure qu'il appartiendra.

Aʀᴛ. 26. — Les propriétaires, locataires et entrepreneurs sont responsables, chacun ce qui le concerne, des contraventions au présent règlement.

Aʀᴛ. 27. — Les ordonnances de police, contenant des dispositions relatives aux saillies sous les galeries du Palais-Royal et des rues Castiglione et Rivoli, sous les piliers des Halles et dans tous les passages ouverts au public sur des propriétés particulières, continueront d'être observées.

Tarif pour la grande voirie

(Décret du 28 juillet 1874)

DÉNOMINATIONS	DROIT		
	Fixe	Mètre linéaire	Mètre superficiel
	fr. c.	fr. c.	fr. c.
Sᴇᴄᴛɪᴏɴ ᴘʀᴇᴍɪᴇ̀ʀᴇ. — *Travaux neufs.* *Construction.*			
1º D'un bâtiment neuf.		2 »	1 »
2º D'un mur de clôture ou d'une grille		2 »	
3º D'une clôture en planches en treillage, ou toute autre clôture légère.		» 50	

DÉNOMINATIONS	DROIT		
	Fixe	Mètre linéaire	Mètre superficiel
	fr. c.	fr. c.	fr. c.
Baie.	1 »		
Balcon (grand) dépassant 0,22 de saillie.		20 »	
Balcon (petit) ne dépassant pas 0,22 de saillie.		10 »	
Balcon d'appui, garde-fou. . . .		5 »	
Barrière provisoire.			50 »
Section II. — *Travaux modifiant des constructions existantes.*			
Surélévation d'un bâtiment. . .			»
Surélévation d'un mur de clôture.		1 »	
Chaperon.		1 »	
Conversion d'un mur de clôture en face d'un bâtiment.			
Ravalement entier	20 »		
Ravalement partiel.	10 »		
Baie ouverte après coup ou agrandie :			
1° Dans un bâtiment au rez-de-chaussée de 2 mètres et plus. . . .	20 »		
2° Dans un bâtiment au rez-de-chaussée de 0m,80 à 2 mètres. . .	10 »		
3° Dans un bâtiment au-dessus du rez-de-chaussée, de 0m,80 et au-dessus	10 »		
4° Dans un mur de clôture, baie de porte charretière ou cochère. .	15 »		
5° Dans un mur de clôture, baie de porte bâtarde.	10 »		
Baie de moins de 0m,80 (dans sa plus grande dimension)	10 »		
Poitrail en toute fermeture de baie de 2 mètres et au-dessus (soit en bâtiment, soit en mur de clôture).	20 »		

DÉNOMINATIONS	DROIT		
	Fixe	Mètre linéaire	Mètre superficiel
	fr. c.	fr. c.	fr. c.
Linteau ou toute fermeture de baie, plate-bande, arc en pierre, etc., de 0^m,80 à 2 mètres, (soit en bâtiment, soit en mur de clôture. . . .	10 »		
Pied-droit, dosseret (soit en bâtiment, soit en mur de clôture), à rez-de-chaussée, pour baie de 2 mètres et au-dessus.	20 »		
Pied-droit, dosseret (soit en bâtiment, soit en mur de clôture), à rez-de-chaussée, pour baie de moins de 2 mètres.	10 »		
Reprise dans la face d'un bâtiment. — Trumeau construit au rez-de-chaussée. — Bouchement de baie. Point d'appui intermédiaire au rez-de-chaussée. — Pile, colonne, poteau, jambe-étrière.	20 »		
Échafaud.		1 »	
Entablement, corniche. Réfection entière.	20 »		
Entablement, corniche. Réfection partielle.	10 »		
Etais	5 »		

Tarif pour la petite voirie

(Décret du 28 juillet 1874)

DÉNOMINATIONS	DROIT		
	Fixe	Mètre linéaire	Mètre superficiel
	fr. c.	fr. c.	fr. c.
SECTION PREMIÈRE. — *Saillies considérées comme fixes.*			
Appui de croisée. Tablette, le plus ordinairement posée au-dessus du soubassement d'une baie, et ne dépassant pas 0^m,16 de saillie. . . .	5 »		
Barreaux ou grille au droit d'une croisée	10 »		
Chardon ou herse.	5 »		
Tuyau de descente.	10 »		
Croisée en saillie, volet, persienne.	5 »		
Jalousie	20 »		
Moulures en menuiserie formant cadre ou chambranle.	5 »		
SECTION II. — *Saillies considérées comme mobiles.*			
Abat-jour. Appareil placé au-devant d'une baie pour modifier l'introduction de la lumière.	10 »		
Réflecteur. Appareil disposé au-dessus des baies, pour y faire affluer plus de lumière.	10 »		
Baldaquin, marquise, transparent.		4 »	
Banne.		2 »	
Store en élévation posé au droit d'une croisée, et se développant en saillie.	5 »		
Borne.	5 »		
Grande marquise ayant plus de 0^m,80 de saillie.			5 »

DÉNOMINATIONS	DROIT		
	Fixe	Mètre linéaire	Mètre superficiel
	fr. c.	fr. c.	fr. c.
Devanture de boutique. Distinction faite du seuil. . . . . : . . .		5 »	
Socle ou seuil. Parpaing recevant une devanture		2 »	
Tableau d'enseigne de boutique sous corniche en bois ou en pierre.		2 »	
Devanture en réparation. Toute réparation ou renouvellement de châssis, porte, tableau, caisson ou soubassement.	5 »		
Parement de décoration. Lambris appliqués sur les murs en élévation.		5 »	
Etalage	20 »		
Montre ou vitrine.	10 »		
Enseigne, tableau-enseigne, attributs, écussons	5 »		
Enseignes découpées. Lettres appliquées sur les balcons.	10 »		
Grand tableau. Frises courantes portant enseignes.		1 »	
Marche, seuil.			
Pilastres. Caissons isolés (en menuiserie).	5 »		
Lanterne.	1 »		
Rampe et appareil d'illumination formant une saillie spéciale, composés de tubes droits ou recourbés, et sur lesquels sont greffés de petits brûleurs avec ou sans globe. . . .		1 »	
Echoppe. Construction mobile, non scellée, posée sur le sol de la voie publique.			
(Droit proportionnel à la surface occupée).	» »	» »	» »

Puits et puisards

Chacun peut, sur son héritage, encore bien que la source, la fontaine ou le puits du voisin en souffrirait, creuser un puits de telles dimensions qu'il lui plaît, pourvu qu'il prenne les précautions nécessaires et qu'il observe les distances et les règles voulues. Ainsi celui qui veut creuser un puits à la proximité soit d'un mur appartenant au voisin, soit d'un mur mitoyen ou susceptible de le devenir, soit de la cave, soit du puits, soit de la fosse d'aisances du voisin, est tenu de faire un contre-mur fondé plus bas que le sol et montant jusqu'au niveau du terrain comme la maçonnerie sur laquelle se pose la margelle. Ce contre-mur, dont l'épaisseur se détermine par les usages locaux ou à dire d'experts et est assez généralement fixée à un mètre, compris l'épaisseur du mur et contre-mur, doit avoir une largeur telle qu'on ne puisse craindre l'infiltration des eaux ou des matières au delà de ses extremités. Le plus sûr est de le faire circulairement, selon la circonférence du puits.

Les engagements relatifs au creusement des puits ont une grande importance. S'il est dit dans les conventions intervenues que le puits sera creusé jusqu'à telle profondeur, l'ouvrier a rempli ses engagements lorsqu'il a mis le puits à cette profondeur, encore bien qu'il n'y ait pas une goutte d'eau.

S'il est dit que les travaux se continueront jusqu'à ce qu'il y ait dans le puits une suffisante quantité d'eau, les travaux se faisant en hiver, le puits devra être creusé aussi bas que les eaux le permettront, sans que l'ouvrier soit tenu à aucune garantie pour ce qui en résultera lorsque les eaux seront basses. Si les travaux ont lieu en été, l'obligation de l'ouvrier séra remplie lorsqu'il aura obtenu au-dessus du rouet 1 mètre de hauteur d'eau de source ou provenant d'une grande nappe d'eau souterraine et non de pleurs ou de veines d'eau qui tarissent presque aussitôt.

A moins d'impossibilité absolue, l'établissement d'un puits dans chaque maison de ville est obligatoire, c'est une sorte de servitude d'utilité publique.

Celui dont le puits se trouve à moins de 2 mètres de distance de l'héritage du voisin ne peut convertir ce puits en cloaque ou y laisser couler les eaux des toits, des cours, des fumiers, des cuisines.

L'intérêt public exige que les propriétaires et principaux locataires tiennent le puits de leurs habitations dans un tel état qu'on puisse toujours y trouver de l'eau en cas d'incendie.

Règlement sur la construction des trottoirs

(Arrêté préfectoral du 15 avril 1846)

ARTICLE PREMIER. — Les trottoirs des rues centrales et commerçantes de Paris continueront d'être établis entièrement en granit, bordures et dallage.

L'administration se réserve d'autoriser exceptionnellement, dans les autres rues, des dallages en bitume, en pavés ou en d'autres matières, et des bordures en pierre calcaire dure, comme celle de Château-Landon.

ART. 2. — Les trottoirs, de quelque nature qu'ils soient, seront exécutés conformément aux conditions des devis et des adjudications des travaux semblables de la ville de Paris.

Ceux qui seront établis par des entrepreneurs du choix

des propriétaires ne passeront à l'entretien de l'Administration que s'ils sont conformes à ces conditions, et après qu'ils auront été reçus sur les certificats des ingénieurs.

La prime allouée, s'il y a lieu, ne sera due et payée qu'après cette réception.

ART. 3. — Sauf les exceptions autorisées spécialement, la largeur des trottoirs sera, d'après celle des rues, conforme aux indications du tableau suivant :

LARGEUR des rues	LARGEUR des chaussées	LARGEUR de chaque trottoir	LARGEUR des rues	LARGEUR des chaussées	LARGEUR de chaque trottoir
M. C.	M. C.	M. C.	M. C.	M. C.	M. C.
3.50	2 »	0.75	11.70	7.10	2.30
4 »	2.50	0.75	12 »	7.20	2.40
4.50	3 »	0.75	12.50	7.50	2.50
5 »	3.50	0.75	13 »	7.80	2.60
5.50	4 »	0.75	13.50	8.10	2.70
6 »	4.40	0.80	14 »	8.10	2.80
6.50	4.50	1 »	14.50	8.70	2.90
7 »	4.60	1.20	15.00	9 »	3 »
7.50	4.80	1.35	15.50	9.30	3.10
7.80	5 »	1.40	16 »	9.60	3.20
8 »	5.00	1.50	16.50	9.90	3.30
8.50	5.50	1.50	17 »	10.20	3.40
9 »	6 »	1.50	17.50	10.50	3.50
9.50	6.40	1.55	18 »	10.80	3.60
9.70	6.50	1.60	18.50	11.10	3.70
10 »	6.60	1.70	19 »	11.40	3.80
10.50	6.80	1.85	19.50	11.70	3.90
11 »	7 »	2 »	20 »	12 »	4 »
11.50	7.10	2.20	et au-dessus	minimum	minimum

ART. 4. — La bordure des trottoirs sera de 17 cent. au-dessus du pavé. La pente en travers du dallage sera $0^m,04$ par mètre, à moins que le projet n'en indique une autre.

Devant les portes cochères, la bordure sur $2^m,00$ de longueur n'aura que $0^m,04$ de saillie au-dessus du ruisseau. Aux extrémités de cette bordure régneront deux rampants inclinés de $0^m,05$ par mètre au milieu desquels déboucheront les gargouilles obliques de la porte cochère. Les bordures, devant ces portes, ne seront jamais entaillées.

L'intervalle compris entre les portes cochères et la bordure sera rempli par un pavage smillé appareillé en quinconce et posé sur mortier hydraulique avec des joints de $0^m,005$ de largeur au plus.

ART. 5. — Les eaux ménagères et pluviales prendront leur écoulement sous le dallage au moyen de gargouilles de fonte, dans la partie supérieure desquelles sera pratiquée une rainure pour en faciliter le nettoiement, et scellées avec solidité sur un massif de maçonnerie de $0^m,15$ de hauteur sur $0^m,28$ de largeur avec mortier hydraulique.

A droite et à gauche des portes cochères, les gargouilles pourront être disposées, en S, ou, si elles sont droites, être placées obliquement.

Ces gargouilles, des modèles actuellement en usage, devront être ajustées avec les tuyaux de descente prescrits par les ordonnances de police.

ART. 6. — Il ne sera posé ou conservé ni bornes, ni bornillons, ni autres corps saillants, soit dans l'épaisseur soit à l'extérieur du trottoir. Les bornes enlevées resteront aux propriétaires.

ART. 7. — Les pavés existants sur l'emplacement du trottoir, que le pavage ait été reçu ou non à l'entretien de l'Administration, sauf ceux qui seront nécessaires au raccordement définitif et aux portes cochères, seront transportés, immédiatement après leur arrachement, au dépôt de l'Administration, qui en disposera.

Ce transport sera fait aux frais et par les soins du propriétaire ou de son entrepreneur, lesquels seront responsables de la totalité de ces matériaux, et comme tels, tenus de justifier de leur entrée en totalité audit dépôt. La valeur de tout pavé manquant sera calculée à raison de 300 francs le millier, et le montant en sera retenu sur la prime.

A mesure qu'on avancera la bordure, le pavé arraché en dehors de son alignement sera bloqué avec soin par le constructeur du trottoir, en attendant le raccordement définitif. Ce raccordement sera exécuté par l'entrepreneur public, conformément aux règlements de voirie, sur l'ordre de l'ingénieur, et aussitôt que la bordure du trottoir sera posée.

ART. 8. — Les travaux ne pourront être commencés qu'après que les agents du pavé de Paris auront reconnu la quantité et la qualité à arracher, et qu'ils auront tracé les alignements et les points de repère de hauteur, auxquels le constructeur devra se conformer. Ces travaux seront surveillés par les mêmes agents, et poussés sans interruption de manière à être terminés dans un délai de dix jours au plus, si la superficie du trottoir ne dépasse point 100 mètres. Ce délai sera augmenté d'un jour par 50 mètres carrés de trottoir à construire en sus de la surface précitée. Le propriétaire ou son entrepreneur devront avertir à l'avance, et par écrit, l'ingénieur qui devra surveiller les travaux de l'époque à laquelle ils commenceront.

ART. 9. — Les matériaux destinés à la reconstruction du trottoir ne pourront être mis en œuvre qu'après qu'ils auront été examinés, acceptés et marqués par les agents du service, ceux qu'ils auraient rebutés seront empreints d'une marque différente indélébile, et seront enlevés sur-le-champ de l'atelier. Les ordonnances de police concernant l'enlèvement des matériaux encombrant indûment la voie publique seront applicables aux rebuts qui séjourneraient sur l'atelier.

Tous les frais de cette construction, y compris l'éclairage et les autres dépenses accessoires, seront à la charge du propriétaire sauf la prime.

Le trottoir devra être rigoureusement exécuté conformément aux conditions du présent arrêté, sous peine du retrait de la prime et des condamnations de droit, pour contravention aux règlements de voirie.

ART. 10. — Aussitôt après l'achèvement du trottoir, l'ingénieur procèdera à l'examen des ouvrages, en présence du propriétaire ou de son entrepreneur, dûment appelés, et il en dressera un procès-verbal qui sera transmis à l'Administration en double expédition par l'ingénieur en chef directeur.

ART. 11. — Dans le cas où ce procès-verbal constatera que toutes les conditions ont été remplies, l'Administration prendra l'entretien du trottoir à sa charge, et ordonnancera au profit du propriétaire la portion de prime à lui accordée.

Si ce procès-verbal constate au contraire des malfaçons, il sera notifié au propriétaire, qui aura deux mois pour les faire disparaître. Ce délai expiré, si le trottoir n'est point recevable, il en sera dressé un nouveau procès-verbal, et l'ingénieur pourra, sans autre formalité, faire effectuer les fournitures et les travaux nécessaires pour mettre le trottoir en état de réception. La dépense de cette mise en état sera imputée sur la prime.

ART. 12. — La prime accordée à titre d'encouragement, s'il y a lieu, sera payée intégralement, sauf les retenues que les infractions pourraient motiver après la réception du trottoir, si son exécution a eu lieu en même temps que le relevé à bout de la rue. Dans le cas où le trottoir sera construit hors du temps du relevé à bout, la prime sera payée au propriétaire, déduction faite des derniers raccordements du pavé par l'entrepreneur public. Ces frais seront payés à celui-ci sur états trimestriels dressés par les ingénieurs. •Les primes seront basées sur les estimations faites par les ingénieurs, d'après le prix des adjudications publiques.

Art. 13. — Les propriétaires pourront demander l'exécution de leur trottoir par l'entrepreneur des travaux de la Ville, au prix de son adjudication. Dans ce cas, lesdits propriétaires devront verser à la Caisse municipale le montant de la dépense à leur charge avant l'exécution des travaux, et déduction faite de la prime.

Art. 14. — Toute autorisation pour la construction d'un trottoir n'est valable que pour deux ans à partir de sa date. Les travaux ne pourront être exécutés que pendant la saison fixée pour les travaux publics, du 1er avril au 15 novembre de chaque année.

Art. 15. — Les granits devront satisfaire pour leur dimension, leur qualité, leur provenance, leur taille et leur mise en œuvre, à toutes les conditions du cahier des charges de l'adjudication générale des travaux de cette espèce.

Art. 16. — La prime qui pourra être accordée pour les trottoirs tout en granit sera du tiers de l'évaluation des ingénieurs ; elle sera payée immédiatement après l'exécution.

Dallage de bitume.

ART. 17. — Le dallage en bitume sera généralement fondé sur une couche de béton de $0^m,10$ d'épaisseur.

Toutefois, les projets spéciaux pourront comprendre toutes autres fondations comme carrelage, terre à four, gravier, etc.

L'épaisseur de l'enduit en mastic bitumineux sera de $0^m,015$ au moins.

L'exécution de ces travaux sera d'ailleurs assujettie aux conditions du devis de l'adjudication générale.

ART. 18. — La prime qui continuera d'être accordée pour les trottoirs en bitume sera du sixième de l'estimation des ingénieurs. La portion revenant au propriétaire restera pendant trois ans entre les mains de l'Administration, pour garantie de la bonne exécution des travaux en bitume. Elle ne sera due et payée qu'après cette épreuve et la réception du trottoir. Jusqu'à cette réception, le propriétaire de la maison sera obligé d'entretenir le trottoir en bon état ; faute par lui d'y pourvoir, l'Administration y pourvoiera d'office et pourra même ordonner au besoin l'enlèvement dudit trottoir et le rétablissement des lieux dans leur état primitif ; le tout aux frais, risques et périls dudit propriétaire.

Trottoirs en pavés.

ART. 19. — L'Administration autorisera la construction de trottoirs en pavés, avec bordures en granit ou en pierre calcaire dure, dans les rues excentriques qu'elle se réserve de déterminer. Les bordures en pierre calcaire dure devront, pour leur dimension, pour leur qualité, leur provenance, leur taille et leur mise en œuvre, satisfaire aux conditions du devis de l'entreprise en vigueur pour cette nature de matériaux. Aux angles des rues, il sera établi des bordures en granit dites circulaires.

ART. 20. — L'aire du trottoir sera remplie par un pavage appareillé en quinconce smillé à la surface avec des joints de $0^m,005$ au plus.

Les pavés seront posés à bain de mortier hydraulique de $0^m,03$ d'épaisseur, étendu sur une couche double de $0^m,05$. Leurs joints seront garnis de mortier. Ces pavés seront d'un échantillon parfaitement égal ; ils auront des joints bien d'équerre et bien droits. Le grès devra être de bonne qualité pour tous les pavés.

Lesdits pavés seront pris sur place ou fournis par l'entrepreneur qui pourra, au prix coûtant, les tirer des dépôts de l'Administration. Dans l'un et l'autre cas, l'entrepreneur sera chargé de la taille des pavés à employer.

ART. 21. — La prime qui pourra être accordée pour la construction de ces trottoirs, sera du quart de l'estimation des dépenses faites par l'ingénieur. Elle sera payée après la réception, qui pourra avoir lieu immédiatement.

Trottoirs avec ruisseaux couverts.

ART. 22. — Les trottoirs avec ruisseaux refouillés dans les bordures, ne pourront être établis qu'à la condition que les propriétaires assureront pour eux et leurs successeurs le payement des frais de balayage par cantonniers spéciaux, suivant les prescriptions de M. le préfet de police, et sur les rôles qui seront arrêtés par ce magistrat. Le recouvrement aura lieu, au besoin, dans les formes prescrites par l'article 44 de la loi du 18 juillet 1837.

Art. 23. — Pour obtenir l'autorisation de cette espèce de trottoir, les propriétaires devront s'engager, par acte reçu administrativement, devant M. le préfet de la Seine et le secrétaire général, d'assurer le payement des frais de balayage ci-dessus indiqués. Ils devront transmettre à leurs successeurs ladite obligation.

La prime qui sera accordée pour ces constructions sera celle des trottoirs en granit. S'il existe des anciens trottoirs, on aura égard, dans l'estimation, à la valeur des matériaux qui rentreraient au dépôt de la Ville. Ces travaux seront, d'ailleurs, exécutés conformément aux prescriptions du devis général.

Art. 24. — L'ingénieur en chef, directeur du pavé de Paris, est chargé de l'exécution du présent arrêté, qui sera imprimé à la suite des autorisations de trottoirs.

Égouts

BRANCHEMENTS PARTICULIERS. — CONSTRUCTION PAR LES PROPRIÉTAIRES

(Arrêté du préfet du département de la Seine du 14 février 1872)

Article premier. — Tout branchement d'égout particulier à établir au compte des propriétaires sera l'objet d'un projet estimatif dressé par les ingénieurs des eaux et des égouts, aux frais de l'Administration, et d'après les indications fournies par les propriétaires, puis d'un arrêté formulant les conditions de l'autorisation.

Art. 2. — La galerie et ses accessoires, sur la voie

publique, seront exécutés par l'entrepreneur du choix
du propriétaire.

Art. 3. — Quand l'Administration requerra l'établissement d'un ou de plusieurs branchements, le projet
des travaux sera communiqué à chaque propriétaire in-
téressé, par l'intermédiaire du maire de l'arrondissement sur le territoire duquel le travail est projeté.

Dans un délai de huit jours, à compter de l'avis du
maire, chacun pourra consigner ses observations dans
un procès-verbal ouvert à cet effet. Le projet, après
avoir été revu et modifié, s'il y a lieu, sera approuvé
par un arrêté spécial qui fixera le délai dans lequel
chaque propriétaire devra faire exécuter les travaux à
sa charge par l'entrepreneur qu'il aura choisi. Cet arrêté sera notifié à chacun des intéressés.

Faute par le propriétaire de se conformer aux prescriptions de l'arrêté, les ingénieurs pourvoieront d'office
à l'exécution des travaux par les entrepreneurs ordinaires de la Ville, et les dépenses avancées par l'Administration seront recouvrées par toutes les voies de
droit.

Art. 4. — Si les branchements doivent être faits
par mesure collective, dans une rue ou portion de rue,
pour l'exécution totale ou le complément du drainage
de cette rue, et s'il est reconnu que les travaux ne peuvent être confiés à plusieurs entrepreneurs, sans compromettre la liberté de la circulation et la sécurité publique, l'enquête aura lieu comme il est dit à l'article
précédent, et les propriétaires seront invités à se réunir
dans un local, au jour et à l'heure déterminés par le
maire, à l'effet de se concerter pour le choix d'un entrepreneur unique qui exécutera l'ensemble des travaux.

Dans le délai de huit jours, le maire constatera s'il y a accord entre les propriétaires et fera connaître à la préfecture le nom et la demeure de l'entrepreneur choisi.

Si les propriétaires n'ont pu s'entendre entre eux, il sera procédé, quelle que soit l'importance des travaux, par les soins de l'Administration, à une adjudication publique au rabais, en conseil de préfecture, et l'opération entière sera confiée à l'entrepreneur qui aura été déclaré adjudicataire.

Chaque propriétaire sera invité individuellement à assister à l'adjudication. Le résultat de celle-ci lui sera notifié et sera déclaré définitif par le préfet, après un délai de huitaine, à compter du jour de la notification, délai pendant lequel les intéressés pourront présenter leurs observations.

Art. 5. — Dans tous les cas, les travaux sont exécutés sous la surveillance des ingénieurs de l'Administration.

Art. 6. — Chaque propriétaire s'entendra pour le payement de la dépense, directement et sans intervention ni garantie de la part de l'Administration, avec l'entrepreneur qui aura exécuté les travaux. Il pourra toutefois faire vérifier par l'ingénieur de la section le métré des ouvrages porté au mémoire de l'entrepreneur.

Art. 7. — Les raccordements et la réfection définitive des chaussées, trottoirs et dallages au-dessus des tranchées continueront d'être faits par les entrepreneurs de l'Administration pour la voie publique.

La dépense en sera payée par la Ville et remboursée à celle-ci par le propriétaire, conformément aux règles et suivant les tarifs fixés pour ces travaux.

Les dépenses faites d'office seront de même payées par la Ville, à laquelle elles seront remboursées par le propriétaire, en même temps que les frais de raccordement.

Préalablement à la mise en recouvrement de ces avances, le métrage des divers travaux et le décompte des dépenses seront notifiés à chaque propriétaire, qui aura cinq jours après cette notification, pour présenter ses observations au bureau de l'ingénieur ordinaire.

Passé ce délai, il sera passé outre à l'émission de l'arrêté de recouvrement.

Art. 8. — Toutes les règles ci-dessus sont applicables à l'entretien des branchements d'égouts et de leurs accessoires sous la voie publique, qui reste à la charge des propriétaires, quelle que soit l'époque ou le mode de la construction.

Art. 9. — Chaque propriétaire est responsable, soit vis-à-vis de l'Administration, soit vis-à-vis des tiers, de l'existence et de l'entretien des ouvrages établis tant à l'extérieur qu'à l'intérieur, pour le drainage de son immeuble.

CURAGE DES BRANCHEMENTS PARTICULIERS PAR ABONNEMENT.

(Arrêté du préfet de la Seine du 3 mars 1872)

Article premier. — Les branchements particuliers d'égout pourront être curés au compte des propriétaires par les soins de l'administration municipale.

Art. 2. — A cet effet, chaque propriétaire aura la faculté de souscrire en forme de soumission un abonnement qui sera, s'il y a lieu et d'après l'avis de l'ingénieur en chef des eaux et des égouts, approuvé par un arrêté préfectoral.

La soumission contiendra l'indication de la longueur ainsi que de la limite de chaque galerie à nettoyer.

L'abonnement sera annuel et partira du 1ᵉʳ janvier ou du 1ᵉʳ juillet de chaque année.

ART. 3. — Durant la période déterminée par l'abonnement, le propriétaire sera déchargé du curage de son embranchement d'égout.

Le nettoiement sera fait sans l'intervention du propriétaire, sous la direction de l'ingénieur en chef des eaux et des égouts, par les agents et les ouvriers de service, qui auront seuls le droit de pénétrer dans la galerie.

Le propriétaire n'aura la faculté de faire descendre des ouvriers dans le branchement que pour l'exécution des travaux d'entretien restant à sa charge ou pour l'enlèvement des vidanges sous galerie, en vertu d'une autorisation de l'Administration.

ART. 4. — L'abonnement sera révocable à la volonté de l'Administration, et, de son côté, le propriétaire pourra y renoncer moyennant un avertissement adressé six mois à l'avance. Quelle que soit la date de l'avertissement, le prix sera exigible pour l'année entière de l'abonnement.

L'abonnement ne sera pas résilié par le seul fait de la mutation de la propriété. Le soumissionnaire ou ses successeurs seront responsables du prix de l'abonnement jusqu'à ce qu'ils aient accompli la formalité d'avertissement ci-dessus prescrite ou qu'ils aient fait souscrire une soumission par le nouveau propriétaire de l'immeuble.

ART. 5. — Le prix de l'abonnement sera réglé conformément à la délibération du conseil municipal de Paris du 4 mars 1872 et d'après le tarif suivant :

Pour chaque galerie de 2ᵐ50 au plus, par an, 5 francs.

Par mètre courant au delà de 2^{m}50, 2 francs.

Toute fraction de mètre sera comptée comme un mètre entier.

ART. 6. — Le prix de l'abonnement sera payé à la caisse municipale, pour un an, en un seul payement et d'avance.

A défaut de payement régulier à l'époque et de la manière susindiquées, le service du curage sera suspendu et l'abonnement pourra être résilié.

ART. 7. — Les droits de timbre et d'enregistrement auxquels l'abonnement pourra donner lieu seront supportés par l'abonné.

ART. 8. — L'arrêté du 4 mai 1860 est rapporté.

Des fosses d'aisances

Fosses fixes. — Chaque propriété bâtie doit être munie d'une fosse à l'usage de ses habitants.

La surface minimum d'une fosse fixe doit être de 4 mètres, et sa moindre largeur de 1^{m}60. Cette largeur est exigée pour les couloirs. La hauteur de la voûte sous l'intrados doit être de 2 mètres.

Les murs d'enceinte doivent avoir au moins 0^{m}45 d'épaisseur ; le radier et la voûte 0^{m}35 ; la flèche de l'arc doit être égale au moins aux deux tiers du rayon. La maçonnerie doit être en meulière, mortier hydraulique, et après un rocaillage soigné, recouverte d'un enduit en ciment.

La pierre d'extraction doit être formée de deux parties et avoir 1 mètre sur 0^{m}65, non compris l'encadrement.

S'il existe une cheminée d'extraction ayant plus de

1^m50 de hauteur, la plus grande dimension de sa section sera égale aux deux tiers de sa hauteur.

Le tuyau de chute doit déboucher directement dans la fosse, le tuyau d'évent doit lui être parallèle. Ils doivent tous deux avoir dans la fosse des pénétrations dont les générations rectilignes sont tangentes à l'arc de la voûte et à son sommet à ne pas présenter un diamètre inférieur à 0^m25.

Le tuyau d'évent doit être monté jusqu'à la hauteur des souches de cheminée de la ou des maisons voisines, si ces dernières sont plus élevées.

Une fosse ne peut être creusée à une distance moindre de 1^m30 d'un puits voisin, mesures prises des parements intérieurs.

Fosses mobiles. — Les fosses mobiles doivent avoir une surface minimum de 2 mètres, une hauteur sous clef de 2 mètres et une largeur minimum de 1 mètre. Les murs de ce caveau seront construits en maçonnerie étanche.

Si la voûte est remplacée par un plancher, ce plancher sera en fer hourdé en maçonnerie. Le sol sera inperméable, et disposé en forme de cuvette.

Si le caveau est compris dans la hauteur des caves, il devra être éclairé par un soupirail. Lorsque le caveau sera en sous-sol, l'ouverture en sera fermée au moyen d'une trappe en bois, suffisamment solide, d'une manœuvre facile et munie d'un anneau en fer. Cette fermeture sera toujours placée en dehors du cabinet d'aisances.

Le tuyau d'évent est nécessaire comme pour les fosses fixes, mais son diamètre est indéterminé.

Privés. — Les dimensions d'un cabinet privé sont, au minimum 1^m10 sur 0^m80.

Les privés doivent recevoir jour et air au moyen d'une baie de dimensions suffisantes. Au dernier étage, ils peuvent être éclairés et aérés par une trémie fermée à son extrémité au moyen d'un châssis à tabatière.

Il est admis qu'un cabinet peut servir à l'usage de quatre logements au plus. Il est également admis qu'un cabinet peut être situé dans une cour ou jardin sans être relié à l'habitation par une galerie couverte.

Urinoirs. — Tout urinoir doit écouler directement ses liquides dans une fosse d'aisances et être pourvu d'un mode de lavage permanent à l'aide d'un filet d'eau à jet continu.

Vidange des fosses. — En vertu de l'ordonnance du 29 novembre 1854, il est défendu de procéder à l'extraction et au transport des matières contenues dans les fosses d'aisances avant que la désinfection en ait été complètement opérée.

Il est expressément interdit d'attendre que la fosse soit pleine pour en opérer la vidange ; on devra toujours laisser au moins le vide nécessaire pour l'introduction et le brassage des matières désinfectantes.

L'ouverture d'extraction de toute fosse, après la vidange, devra, jusqu'à la fermeture définitive, être tenue couverte de manière à prévenir les accidents, et ce par les soins du propriétaire.

De plus, aucune fosse ne pourra être refermée après la vidange qu'en vertu d'une autorisation écrite qui sera délivrée selon les cas et après les visites ou réparations nécessaires par le directeur de la salubrité ou l'architecte commissaire voyer.

Le propriétaire devra avoir sur place, jusqu'à ce qu'il ait reçu l'autorisation de fermer la fosse une échelle de longueur convenable pour en faciliter la visite.

Dans le cas où la fosse aurait été fermée en contravention à l'article précédent, le propriétaire sera tenu de
la faire ouvrir et laisser ouverte aux jours et heures indiqués par la sommation qui lui sera adressée à cet effet
pour que la visite en puisse être faite par qui de droit.

DEUXIÈME PARTIE

CHAPITRE IV

Entretien de la propriété. — Grosses réparations. — Réparations
usufruitières. — Réparations locatives. — Etat des lieux. — Modèle
d'état des lieux. — Changements dans les lieux loués. — Logements
insalubres. — Ecoulement des eaux vannes en égouts. — Entretien
des rues ou parties de rues non pavées.

Entretien de la propriété

Les propriétés, surtout celles de rapport, exigent un
entretien courant, judicieux, pour parer aux dégradations ou détériorations provenant, soit de vétusté, soit
de l'intempérie des saisons ou toute autre cause que l'on
doit prévoir.

Les réparations doivent être suffisantes pour empêcher la propriété de se déprécier. La surveillance doit
donc être confiée à une personne assez expérimentée
pour la maintenir en bon état. Il en résulte que, avec
une somme proportionnelle à la valeur de l'immeuble,
la propriété est toujours en parfait état de conservation
et que le propriétaire ne se trouve pas, à un temps donné,
en face de travaux tels que leur importance absorbe

quelquefois plusieurs années de revenus, sans préjudice des ennuis et procès que peuvent lui susciter ses locataires troublés dans leur jouissance.

Tous les six mois au moins, il doit être fait une visite générale de la propriété.

Commencer par les caves pour voir s'il ne se produit pas d'infiltrations provenant soit du pavage des cours, soit des conduites d'eau.

Le sol de la cave doit toujours être dur ; il doit être sablé tous les ans.

Les parements des murs devront être rejointoyés en bon mortier de chaux hydraulique si les joints se dégradent. Il faut veiller à ce qu'il y ait toujours suffisamment d'air pour empêcher les bois des cloisons de se pourrir et empêcher les locataires de boucher les soupiraux.

Les carrelages des rez-de-chaussée et des vestibules doivent toujours être parfaitement droits et sans dégradations.

Les dégradations provoquant la disjonction des carreaux et dallages, proviennent souvent des lavages trop fréquents.

Le pavage des cours doit toujours être tenu en bon état. Les parties enfoncées conservant les eaux qui, en s'infiltrant dans le sol, y produisent des excavations.

Tous les mois, il faut passer la visite des conduites d'eau, afin de s'assurer qu'il ne se produit aucune fuite. Pendant l'hiver, veiller à ce que les précautions à prendre pour préserver les conduites d'eau de la gelée, soient observées. De même pour les fontaines, les réservoirs et les tuyaux de descente.

Aux murs de face, sur cours et sur rue, s'assurer

qu'il ne s'est produit aucun mouvement de tassement qui sont souvent indiqués par des fissures au-dessus des fermetures des baies ; s'assurer en même temps si les appuis des croisées ne rejettent pas les eaux dans le mur, ce qui arrive toujours, lorsque les recouvrements en zinc se sont dessoudés ou déplacés.

Veiller à ce que les bandeaux de décoration et toutes autres saillies soient toujours parfaitement couverts.

Les peintures à l'huile des murs extérieurs doivent se faire au moins tous les neuf ans. Elles doivent être lessivées tous les cinq ans. Les peintures de toutes les boiseries, à l'extérieur, doivent être faites en même temps.

Les couvertures doivent être visitées tous les trois mois, afin de s'assurer de leur état; prévenir les fuites, faire dégorger les gouttières et chêneaux, etc., etc.

Par ce léger aperçu des soins à donner à la propriété, l'on peut se rendre compte de l'importance qui en résulte au point de vue de la dépense, lorsque les réparations sont faites dès le moment où les détériorations se produisent, au lieu d'attendre qu'elles se soient manifestées par des dégâts plus importants qu'il faut réparer également.

C'est ainsi que, souvent, les propriétaires se trouvent entraînés dans des dépenses dont ils rendent responsables les architectes et entrepreneurs, lorsque c'est seulement à leur défaut de vigilance qu'ils doiven l'attribuer.

Grosses réparations

Les gros murs, les voûtes, le rétablissement des poutres, des couvertures entières, des murs de soutènement et de clôture, en un mot, toutes les reconstructions partielles rentrent dans les grosses réparations et **sont** à la charge du propriétaire.

En général, toute partie de construction dont la détérioration ne peut provenir du fait d'un locataire et dont le mauvais état résulte, soit de vétusté, soit d'un mouvement dans la construction, soit toute autre cause, et pouvant, dans un temps déterminé, causer des accidents, doit être réparée par le propriétaire.

Ainsi, les reprises des murs, pans de bois, voûtes **de** caves, fosses d'aisances, souches de cheminée, parties de couvertures, trottoirs, bornes, grandes parties de pavage de cour, etc., sont de grosses réparations, c'est-à-dire incombent au propriétaire, lorsqu'il n'y a pas **eu** abus de jouissance.

Les locataires sont tenus de supporter les travaux **de** réparation pendant une durée de quarante jours.

Il est utile de faire remarquer ici, que, quoique ce soit de son intérêt, le nu propriétaire n'est pas tenu et peut refuser les réparations nécessaires pour empêcher l'usufruit de tomber de vétusté.

La loi n'obligeant pas l'usufruitier à faire ces réparations, l'intérêt des deux parties peut seul les amener à s'entendre.

Après en avoir fait constater l'urgence, l'usufruitier, sur le refus du nu propriétaire, peut faire exécuter les grosses réparations, sauf, à l'extinction de son usufruit, à lui en réclamer le montant, avec ou sans plus-value, suivant les circonstances.

Il est défendu d'exécuter un travail quelconque à la façade d'une maison, même lorsqu'elle se trouve à l'alignement, sans autorisation.

Il faut joindre à la demande les plans et détails des modifications projetées, et, lorsque la maison n'est pas à l'alignement' et en saillie, c'est-à-dire qu'elle est retranchable, il est interdit d'exécuter aucun travail confortatif.

Le propriétaire et l'entrepreneur sont solidairement responsables des amendes qui seraient prononcées contre eux, par suite d'infractions aux règlements de voirie.

Réparations usufruitières

L'usufruitier doit jouir en bon père de famille. Les réparations pour entretenir la propriété en bon état sont donc à sa charge.

Il devra donc être dressé un état des lieux parfaitement détaillé lors de la prise de possession, car, à son défaut, les lieux étant présumés être donnés en bon état, il devra les rendre tels.

De même qu'un locataire ordinaire, l'usufruitier ne peut empêcher d'exécuter les grosses réparations reconnues urgentes, et cela sans aucun dédommagement pour trouble de jouissance.

Si cependant les grosses réparations provenaient d'un manque d'entretien ou d'un abus de jouissance, des experts nommés à cet effet désigneront celle des deux parties aux frais de laquelle devront s'exécuter les travaux.

En résumé, le gros entretien et l'entretien locatif sont à la charge de l'usufruitier.

Réparations locatives

Chaque nouveau locataire ayant droit à des lieux en bon état de réparation de toute espèce, doit exiger qu'ils lui soient délivrés tels ; le bailleur y étant tenu d'après l'article 1720 du Code civil.

En retour, le locataire est tenu de rendre les lieux en bon état, réparations locatives faites et au surplus conformes à l'état des lieux qui aura été dressé à l'entrée en jouissance.

A défaut d'état de lieux, il est présumé que les lieux ont été remis au preneur en bon état. Le locataire doit user de la chose louée en bon père de famille et suivant la destination qui lui a été donnée par le bail, sinon il est responsable de l'abus qu'il en aurait fait et le bailleur peut, suivant les circonstances, faire résilier le bail.

Le locataire doit donc faire exécuter les réparations nécessaires pour la remise de ses lieux en bon état avant l'expiration de sa jouissance.

Ce moment passé, n'ayant aucun droit sur la chose louée, il ne peut faire pénétrer les ouvriers qui troubleraient la jouissance de son successeur.

Si les réparations n'étaient pas faites lors du départ du locataire, le propriétaire en fait faire l'estimation et le poursuit en remboursement là où il le trouve.

Fort souvent, d'un commun accord, on évalue le montant des réparations en argent. Cela évite ainsi des ennuis et troubles pour les deux parties.

Toute contestation au sujet des réparations locatives doit être portée devant le juge de paix, qui juge sans appel si la somme ne dépasse pas 100 francs, et au-dessus de cette somme, à charge d'appel.

Le juge de paix n'est pas compétent pour les grosses réparations.

Voici d'après l'usage quelles sont les réparations qui incombent au locataire.

Ceci n'est bien entendu qu'un aperçu général.

Les raccords de carrelage, lorsque les carreaux sont brisés, soit en grande ou petite partie, car alors il est à présumer que le locataire en a fait abus, soit en cassant du bois ou autres matériaux, ce qui a lieu communément.

Lorsque le carrelage est usé par suite de vétusté, le propriétaire doit le rétablir complètement.

Le locataire doit refaire les raccords des aires en plâtre des greniers, s'il y a fait quelques dégradations.

De même pour les dallages de quelque nature qu'ils soient.

Les parquets sont souvent tachés de graisse, d'encre, de brûlures ; quelquefois des frises sont hachées ou brisées. Le locataire doit indemniser le propriétaire, car le parquet devant être raboté pour faire disparaître les dégâts, et des morceaux devant être rapportés, ce travail déprécie la propriété.

Les parquets doivent être rendus nettoyés et encaustiqués. Les trous de clous pour poser les tapis, et qui sont souvent en grand nombre, donnent lieu à une indemnité envers le propriétaire.

Les plinthes et socles des chambranles doivent être à la charge du locataire lorsqu'il y a des éclats de bois enlevés ou que les arêtes ont été écornées par suite de chocs ou manque de soins. Dans les endroits où il n'y a ni plinthes, ni stylobates, comme dans les remises par exemple, le locataire, si les enduits en bas des murailles sont dégradés, doit les faire refaire dans la hauteur d'un mètre.

Pour les portes, le locataire qui fait poser une serrure de son choix et qui souvent est sa propriété doit la réparation que cause la pose de cette nouvelle serrure, soit des pièces rapportées, soit quelquefois un battant avec les raccords de peinture que nécessite ce travail. Il doit également une indemnité de dépréciation.

Les jeux des portes et croisées ainsi que des persiennes sont à la charge du locataire. De même, l'entretien des crémones, espagnolettes, serrures, loqueteaux, verrous, targettes, clefs, boutons de tirage que le locataire doit graisser et entretenir afin de les rendre en bon état.

Les vitres des croisées rentrent dans les réparations locatives lorsque le bris provient du fait du locataire. S'il provenait d'une explosion, de la grêle ou de tout cas de force majeure, la réparation est à la charge du propriétaire.

L'entretien des mastics l'est également.

Les vitres doivent être rendues dans le même état que lors de la prise de possession et nettoyées.

Les dégâts faits aux lambris et moulures de décoration sont à la charge du locataire avec toutes leurs conséquences compris la dépréciation.

La question des papiers de tentures est celle qui soulève le plus de contestations lors du règlement des réparations locatives.

Disons d'abord que, au bout de neuf années de jouissance, l'usage est que, lorsque les dégradations ne sont pas le résultat de mauvaise intention, le locataire ne doit aucune indemnité.

Avant ce laps de temps, le locataire doit, pour les dégâts qu'il a commis, une indemnitée basée sur le temps d'occupation.

Le locataire ne peut remplacer le papier qui ne lui

convient pas que par un autre de la même valeur au moins, il devra le faire passer derrière les glaces, si elles lui appartiennent. De même pour les bordures et baguettes.

Pour les peintures, lorsqu'elles sont détériorées par mauvais usage, les dégâts, les raccords sont à la charge du locataire. Il doit entretenir les peintures parfaitement propres, les lessiver s'il en est besoin. Les peintures défraîchies par le temps sont à la charge du bailleur.

Les plafonds tachés par la fumée des lampes, gaz, etc. doivent-être remis en état par le locataire, et s'il était impossible de faire des raccords, la réfection complète est à sa charge.

Les trous de clous ou autres, faits aux murs, boiseries, plafonds, devront être rebouchés et raccordés avec soin.

Les tablettes, chambranles et foyers de cheminée doivent être l'objet de grands soins. Si des écornures sont faites aux marbres, si le foyer est fendu ou brûlé, ces dégâts rentrent dans les réparations locatives.

Les plaques de faïence des foyers de cheminée, les contre-cœurs, le rideau et encadrement sont à la charge du preneur qui doit en faire l'entretien et les rendre en bon état.

Rappelons en passant que le ramonage des cheminées doit se faire deux fois l'an au moins et est à la charge du locataire.

Le propriétaire ne peut s'opposer à ce qu'un locataire fasse usage de poêles, mais il peut s'opposer à ce qu'ils soient placés de telle sorte qu'un incendie soit à craindre ou que les percements à faire pour le passage de tuyaux puissent nuire à la solidité de la construction ou à la sécurité des autres locataires.

Les glaces doivent être rendues en bon état et parfaitement nettoyées. Les détériorations faites au tain ou à la dorure du cadre donnent lieu à une indemnité. Il est très important de les indiquer avec détails sur l'état des lieux.

Les jalousies doivent être entretenues et rendues en bon état par le preneur; toutes les petites réparations auxquelles elles donnent lieu, sauf la peinture, sont à sa charge.

Dans les cuisines, le locataire doit le menu entretien de fourneau potager, le remplacement des grilles des réchauds, des carreaux de faïence brisés ou gercés par le feu.

Le graissage et l'entretien du robinet au-dessus de la pierre d'évier, ainsi que l'entretien de la crapaudine et dégorgement du branchement en plomb conduisant les eaux au conduit principal.

Pendant les gelées, le locataire doit éviter de jeter les eaux sur la pierre d'évier, les dommages qui pourraient en résulter sont à sa charge. Il doit de même vider le conduit qui amène les eaux chez lui, l'entretien de la colonne montante étant seule à la charge du propriétaire, qui a le droit d'arrêter les eaux pendant les gelées.

L'entretien et le dégorgement des cuvettes d'eaux ménagères ainsi que des appareils de garde-robe rentrent dans l'entretien locatif. Ces appareils étant toujours très coûteux, les propriétaires devront veiller à ce qu'ils leur soient rendus en bon état de fonctionnement.

Quelquefois il se produit dans les tuyaux de chute des engorgements produits par des papiers ou autres matières qui, par manque d'eau, finissent par former une masse solide qui obstrue complètement le tuyau. Alors on est obligé de crever le tuyau pour sortir cette masse. Cette réparation, déjà très coûteuse, entraîne à la suite des travaux de maçonnerie, peinture, menuiserie, etc.

Il faut, si le locataire se refuse à faire ces réparations, demander expert avec mission de faire procéder aux réparations et juger à la charge de quelle partie elles doivent se faire.

La sonnette des portes d'entrée, c'est-à-dire celle dont le cordon de tirage est à l'extérieur des lieux loués appartient toujours au propriétaire, sauf preuve contraire.

Lorsque la propriété est louée en location principale, le preneur est tenu de toutes les réparations locatives des escaliers, couloirs, porte cochère, cordons de sonnettes, bornes, trottoirs, pavage et bitume, etc.

La vidange, l'ouverture et la fermeture des fosses d'aisances est aussi à sa charge.

Lorsque les réparatiohs locatives ne sont pas urgentes et qu'elles peuvent être différées sans que l'intérêt du bailleur soit compromis, le locataire peut les faire au moment qui lui est le plus opportun.

Mais le propriétaire ayant privilège sur les meubles pour les réparations locatives doit les exiger avant que ces meubles ne soient enlevés. Il faut donc qu'avant la remise des clefs ces réparations soient faites, ou que les deux parties soient tombées d'accord sur le montant de l'indemnité nécessaire à la réparation des dégâts.

7

Le propriétaire est en droit d'exiger que ces réparations soient faites en nature par le locataire. Si ces réparations, par leur durée, excédaient le terme fixé par l'expiration du bail, le locataire sera tenu d'indemniser le propriétaire de la privation de jouissance qu'il lui fait subir.

État des lieux

Le locataire qui n'a pas d'état de lieux est présumé avoir reçu les lieux en bon état, et doit les rendre tels, sauf la preuve contraire. (Art. 1731 du Code civil.)

En conséquence, et pour éviter des contestations ultérieures, il est de toute nécessité qu'un état des lieux, approuvé par les deux parties, indique ce dont se composent les lieux, leur destination, en mentionnant avec soin les différents objets de la location, l'état dans lequel ils se trouvent, les dégradations s'il y en a.

L'état des lieux est un acte qui contient la description exacte et détaillée de la chose louée, maison, appartement, jardin, etc.

L'état des lieux n'a de valeur qu'autant qu'il est revêtu de la signature des parties intéressées. Il doit être vérifié contradictoirement par le bailleur et le preneur et dressé en deux expéditions.

L'état des lieux est un acte conservateur du droit du propriétaire et de celui du locataire, c'est l'état des lieux qui règle, en effet, ces droits à la fin du bail en ce qui concerne les réparations nécessaires. S'il a été fait un état des lieux entre le preneur et le bailleur, celui-ci doit rendre la chose telle qu'il l'a reçue, excepté ce qui a péri ou a été dégradé par vétusté ou force majeure.

L'état des lieux est un procès-verbal de constat que le légistateur invite les parties à dresser entre elles sans cependant les y obliger, pour garantir réciproquement leurs droits. L'état des lieux a donc une valeur juridique de premier ordre, c'est un titre indiscutable pouvant être produit pour obligation, décharge, justification, demande ou défense.

Certains auteurs pensent qu'un état des lieux doit être rédigé sur papier timbré, ce qui est assez prudent s'il doit être produit en justice. L'usage généralement admis est de le rédiger sur papier libre.

Nous donnerons plus loin un modèle d'état des lieux rédigé dans la forme ordinaire.

La rédaction d'un état de lieux doit être confiée à un architecte, car il y a une infinité de détails qui échapperaient à tout autre, et que nul autant que lui ne peut juger l'état de dégradation ou de vétusté des différents objets détaillés à l'état de lieux.

Les frais de rédaction d'un état des lieux sont ordinairement supportés par les deux parties. L'état des lieux est fait en deux expéditions qui sont signées par les parties qui en gardent chacune un exemplaire.

Lorsque l'une des parties se refuse à dresser ou à faire dresser un état des lieux, l'autre peut l'y contraindre en justice, et c'est devant le juge de paix que la demande doit être portée.

Car comment, par exemple dans un cas d'incendie, apprécier, estimer et reconstituer ce qui a été brûlé s'il n'existe une pièce pouvant servir à fixer le montant de l'indemnité due par celui qui a occasionné cet incendie par sa négligence ou toute autre cause.

Modèle d'état des lieux

*ÉTAT ET DESCRIPTION DES LIEUX d'un appartement avec dépendances, situés dans une maison sise à Paris, rue...............
nᵒ .... et appartenant à Monsieur ....*

Ledit appartement loué à Monsieur ....

ÉTAT SOMMAIRE

L'appartement est composé ainsi qu'il suit :

1º Dans le bâtiment du fond, au troisième étage, d'une antichambre avec petit cabinet et un réduit attenant, d'un salon, de deux chambres à coucher, d'un cabinet d'aisances avec un couloir, d'une salle à manger et d'une cuisine ;

2º A l'étage des combles, d'une chambre de domestique portant le numéro 6.

3º A l'étage souterrain, d'une cave divisée en deux parties.
Le tout plus complètement désigné ci-après.

DESCRIPTION DÉTAILLÉE

Bâtiment du fond

TROISIÈME ÉTAGE A DROITE

Antichambre.

Elle est éclairée en deuxième jour par la porte donnant sur le petit cabinet ci-après détaillé.

La porte d'entrée, donnant sur l'escalier, est à un vantail d'assemblage à petits cadres aux deux parements avec plates-bandes simples.

Une partie de listel est enlevée au droit d'une ancienne serrure.

Elle est ferrée de trois charnières et fermée par une serrure de sûreté ordinaire, deux tours dormants et demi-tour à bouton de coulisse coudé en cuivre, deux clefs et gâche.

Au-dessus, est un verrou de sûreté à bouton et accessoires. Il manque les deux clefs de ce verrou.

Sur la traverse de la porte, à l'extérieur, est un bouton de tirage mouluré en cuivre. Cette porte est ornée, d'une face, par des baguettes d'angle et, de l'autre, par un chambranle posé en trois sens sur socles.

On remarque qu'au droit des gâches, le bâti est éclaté.

La porte donnant sur le petit cabinet est à deux vantaux dont le soubassement est d'assemblage à petits cadres, d'un parement et à glace de l'autre ; le haut est vitré de six verres dépolis à l'huile ; ferrée de six charnières et fermée par un bec-de-cane à bouton double ovale en cuivre et gâche.

Cette porte est ornée des deux faces par un chambranle posé en trois sens sur socles. Le plancher haut est plafonné et peint en blanc à la colle ; il est orné tout au pourtour d'une corniche en maçonnerie moulurée. Au milieu du plafond est un tirefond en fer.

Le plancher bas est carrelé en carreaux de liais octogones avec carreaux de remplissage en marbre noir et d'encadrement en liais.

Quelques carreaux sont écornés, un carreau en marbre noir est cassé et une bande d'encadrement est fendue dans toute sa largeur. Par le bas des murs règne un cours de plinthes en sapin, et au-dessus, est un cours de moulures formant cimaise. Il existe une sonnette en métal garnie de ses accessoires.

Les boiseries sont peintes en décor chêne, la corniche en décor marbre et les murs sont peints en décor granit avec filets secs.

Sur les murs sont des trous de clous.

Réduit sous l'escalier.

La porte d'entrée est à un vantail d'assemblage à glace, d'un parement et arasé de l'autre. Elle est ferrée de trois charnières et fermée par un bec-do-cane à une boucle gibecière en cuivre et un bouton olive. Sur cette porte est une plaque de propreté en laiton.

Le carrelage est en carreaux hexagones en terre cuite de seize centimètres. Les murs, le rampant et la porte sont peints à l'huile.

Salon.

Il est éclairé par une croisée à deux vantaux d'assemblage en chêne, ouvrant à noix et gueule de loup, jet d'eau et pièce d'appui. Cette croisée est vitrée de six verres blancs, séparés entre eux par des petits bois moulurés.

Elle est ferrée sur son dormant en chêne par six fiches à broche et à bouton et fermée par une espagnolette à tringle ronde en

fer, poignée à bascule et support évidés, crochets et gâches haut
et bas. A l'extérieur, est une paire de persiennes à deux vantaux,
bâti en chêne, lames en sapin. Elle est ferrée de six paumelles
en fer avec gonds à scellement et fermée par un loqueteau avec
tirage à anneau.

Il existe en plus un fléau en fer à bouton rond et support, une
poignée de tirage et deux arrêts à scellement garnis de broches
et chaînettes.

Une des broches et chaînettes manque.

Dans les tableaux de cette baie, est un balcon en fer forgé
avec barre d'appui en chêne, profil à gorge. La baie est ornée
à l'intérieur par un cours de moulures formant chambranle posées en trois sens sur socles. La baie donnant sur l'antichambre
est fermée par une porte à un vantail d'assemblage arasé d'un
parement avec moulures rapportées et à petits cadres de l'autre.

Sur la face intérieure, sont des encadrements en menuiserie
moulurés, cercles et figures en carton-pâte.

Elle est ferrée de trois charnières et fermée par une serrure
un tour dormant et demi-tour à bouton double olive en cuivre,
une clef et gâche. Cette porte est ornée de deux chambranles
idem. La porte sur la première chambre à coucher est fermée
par une porte à un vantail semblable en tout à la précédente,
tout compris, mais il n'y a qu'un seul chambranle. A gauche de
cette porte, sont des montants et traverses moulurés figurant
panneaux de porte avec un bouton olive en cuivre.

Adossé au mur de refend, est un manteau de cheminée en
maçonnerie revétu d'un chambranle en marbre bleu turquin à
consoles unies, retours et traverses unis et tablette moulurée
sur rives. L'intérieur est construit en briques jointoyées avec
plaque de fonte unie au cœur, âtre carrelé en carreaux de terre
cuite, rétrécissement en faïence en trois pièces et encadrement
en cuivre uni.

La faïence est fendillée, les montants et la traverse sont en
deux morceaux. Sur les montants du rétrécissement, sont deux
croissants en cuivre.

A l'intérieur de la cheminée, est une trappe en tôle garnie de
sa tringle et de sa crémaillère.

Au-devant de l'âtre, est un foyer plein en marbre.

Il est fendu dans toute sa largeur et brûlé par l'âtre. Au-dessus
de la cheminée est une glace étamée d'un seul volume dans son
parquet en menuiserie, ladite de 1^m,52 de hauteur et 1^m,02 de

large, entourée en trois sens d'un cadre mouluré et doré avec un cours d'ornements. Sur le cadre sont trois têtes de vis apparentes. Le plancher haut est plafonné et peint en blanc à la colle, il est orné tout au pourtour d'une corniche en maçonnerie moulurée.

Le plafond et la corniche sont crevassés. Au milieu du plafond est une rosace en carton-pâte avec tirefond en fer au centre. Le plancher bas et parqueté par frises en chêne posées à point de Hongrie.

Il est taché au-devant de la croisée.

Par le bas des murs, règne un cours de plinthes unies en sapin. Au-dessus est un cours de moulures formant cimaise. Les boiseries sont peintes à l'huile deux tons et les murs sont revêtus d'un papier de tenture fond chagriné et doré, haut et bas et dans les angles. On fait remarquer qu'il existe, de chaque côté de la croisée, deux trous.

Première chambre à coucher.

Elle est éclairée par une baie contenant une croisée à deux vantaux, semblable pour menuiserie, vitrerie et serrurerie, à celle ci-dessus détaillée. A l'extérieur, est une paire de persiennes également semblable à la précédente. Il existe un balcon en fer idem. La baie donnant sur le salon est fermée par une porte à un vantail semblable pour menuiserie et persiennes à la dernière ci-dessus désignée, mais elle est fermée par un bec-de-cane à double bouton olive et il n'existe pas d'encadrements, ni cercles en pâtisserie.

La baie donnant sur le couloir est fermée par une porte à un vantail arasé sous tenture, avec bande de zinc, d'un parement et à petits cadres de l'autre.

Elle est ferrée de trois charnières et fermée par un bec-de-cane à un bouton olive et une boucle gibecière en cuivre et gâche.

Adossé au mur de refend, est un manteau de cheminée en maçonnerie, revêtu d'un chambranle en marbre brèche à console unie et semblable au précédent.

L'intérieur est de même construction que le précédent, mais sans croissants.

Il existe en plus un rideau en tôle à coquille en cuivre, garni de chaînettes et contrepoids en fonte.

La plaque de fonte au cœur est fendue, la tablette en marbre a un fort éclat et le chambranle est épaufré. Au-devant de l'âtre, est un foyer à compartiments composé de trois bandes en marbre de même nature que le chambranle, de deux panneaux de remplissage en marbre blanc et d'une autre nature.

La bande du devant a deux forts éclats et est fendillée. Le tout est rayé.

Au-dessus de la cheminée, est une glace étamée d'un seul volume dans son parquet, ladite, de 1^m,45 de hauteur, sur 0^m,92 de largeur, entourée d'un cadre doré idem, orné de motifs en carton pâte.

La dorure est en partie enlevée et il existe des têtes de clous.

A gauche, est une armoire fermée par une porte à un vantail d'assemblage arasé sous tenture d'un parement et à glace de l'autre.

Elle est ferrée de trois charnières en fer et fermée par une serrure d'armoire avec tous ses accessoires.

A l'intérieur, sont quatre tablettes en sapin reposant sur des tasseaux.

Il passe un tuyau en tôle dans le haut de l'armoire.

Les tablettes et le fond sont revêtus de papier bleu et la porte est peinte à l'huile sur une face.

A droite de la cheminée, est une autre armoire fermée par une porte à deux vantaux de même assemblage que a précédente.

Elle est ferrée de six charnières et fermée par une serrure id.

A l'intérieur, sont trois tablettes idem. Le plafond est peint en blanc à la colle, il est orné tout au pourtour d'une corniche en maçonnerie idem.

Le plafond et la corniche sont crevassés ; il y a des trous au plafond et dans la frise, au-dessous de la corniche.

Le plancher bas est de même détail que le précédent.

Par le bas des murs, règne un cours de plinthes idem, et au-dessus, des cimaises moulurées.

Les boiseries sont peintes à l'huile ton uni, et les murs revêtus d'un papier mat fin avec bordure analogue haut et bas. De chaque côté de la glace, par le haut, sont deux bascules pour sonnettes.

Deuxième chambre à coucher.

Elle est éclairée par une baie contenant une croisée à deux vantaux, semblable en tout à la précédente.

La baie est garnie à l'extérieur d'un balcon idem, en fer.

A l'extérieur, est une paire de persiennes semblables aux autres. La baie donnant sur la première chambre est fermée par une porte à un vantail semblable en tout à l'avant-dernière ci-dessus détaillée.

La porte donnant sur le couloir est à un vantail arasé sous la tenture d'un parement et à petits cadres de l'autre.

Adossé au mur mitoyen est un manteau de cheminée en maçonnerie, revêtu d'un chambranle en marbre à consoles unies et semblable aux autres.

L'intérieur est de même construction que le précédent, mais le rideau est garni d'une patte en cuivre.

La plaque de fonte est hors de service.

Au-devant de l'âtre est un foyer à compartiments composés de quatre bandes en marbre de même nature que celui du chambranle et deux panneaux de remplissage en marbre d'une autre nature.

On remarque que la bande du devant est fortement épaufrée et fendue, les deux panneaux de la bande du milieu sont brûlés.

Au-dessus de la cheminée, est une glace étamée d'un seul volume dans son parquet, ladite de un mètre, quarante sept centimètres de hauteur sur quatre-vingt-onze centimètres de largeur, entourée d'un cadre idem au dernier.

A droite est une armoire fermée par une porte à un vantail arasé sous tenture d'un parement et à glace de l'autre.

Elle est ferrée de trois charnières et fermée par une serrure avec clefs et accessoires.

A l'intérieur sont quatre tablettes en sapin reposant sur des tasseaux.

A droite de la cheminée est une armoire fermée par une porte à petits cadres d'un parement et à glace de l'autre. Elle est ferrée de trois charnières et est fermée par une serrure idem un tour dormant et demi-tour à un bouton olive.

Il manque la clef.

Au fond est établi une alcôve dont les deux côtés sont en menuiserie d'assemblage avec moulures par le haut figurant corniche, et à chaque extrémité est un poteau avec chapiteau par le haut.

Sur un des côtés est une porte à un vantail ferrée de trois charnières et fermée par une boucle gibecière en cuivre et à boîte d'horloge.

A droite de l'alcôve est une porte à un vantail, vitrée par le haut d'un verre coulé.

Le soubassement est d'assemblage à petits cadres aux deux parements. Elle est ferrée de trois charnières et est fermée par un bec-de-cane à bouton double idem.

A gauche, est une porte vitrée en tout idem à celle-ci dessus détaillée.

Au-dessus, de chaque côté, est un plafond en planches formant soupente.

Sur les côtés et le mur du fond, sont quelques trous.

Dans le fond à gauche est une armoire fermée par une porte à vantail idem ferrée de deux charnières et fermée par une serrure idem. A l'intérieur sont deux tablettes en sapin sur tasseaux idem.

Le plafond est peint en blanc à la colle, il est orné tout au pourtour d'une corniche en maçonnerie moulurée.

Le plafond et la corniche sont crevassés. Le plancher bas est de même détail que les précédents.

Par le bas des murs sont des plinthes et au-dessus des cimaises moulurées. La peinture des boiseries et le papier sont les mêmes que ceux ci-dessus désignés.

Cabinet d'aisances.

Il est éclairé sur la cour du fond par un châssis d'assemblage à un vantail, vitré de trois verres dépolis à l'huile et séparés par des petits bois.

Un des verres est dans un vasistas en fer rainé, ferré de deux petites fiches à boules et fermé par un loqueteau en cuivre.

La porte donnant sur le couloir est à un vantail d'assemblage arasé d'un parement et à petits cadres de l'autre.

Elle est ferrée de trois charnières en fer et fermé par un loqueteau en cuivre.

Il manque le tirage.

Le châssis est ferré sur son bâti par trois fiches en fer et fermé par une targette à bascule, en cuivre.

La porte donnant sur le couloir est à un vantail d'assemblage arasé d'un parement et à petits cadres de l'autre.

Elle est ferrée de trois charnières en fer et fermée par un bec-de-cane à bouton double idem.

Le bouton est mal fixé.

Il existe en plus une targette en fer à bouton rond et gâche.

Cette porte est ornée d'une face par un chambranle idem. Au fond est un siège d'aisances avec dessus et soubassement uni en chêne d'assemblage. Le dessus est percé d'un trou de lunette fermé par un abattant en chêne d'assemblage, ferré de deux pivots en cuivre et garni d'un bouton rond.

A l'intérieur est un appareil de garde-robe sans effet d'eau, cuvette en faïence blanche émaillée, tirage à tringle carrée en cuivre et poignée en bois.

Le tuyau de chute est enduit en plâtre.

Il existe une petite tablette d'angle, plus deux autres de_toute argeur sur tasseaux.

En outre sont quatre autres tablettes en sapin, sur cinq supports, une potence et tasseaux en sapin.

Par le bas des murs sont des plinthes idem.

Le plancher bas est carrelé en carreaux de terre cuite hexagones de seize centimètres.

Les murs, plafond et les boiseries sont peints à l'huile ton uni.

Couloir.

Il est éclairé sur la cour du fond par une baie contenant une croisée en menuiserie d'assemblage semblable pour serrurerie et vitrerie aux autres. Un verre est fêlé.

A droite est un châssis semblable à celui détaillé dans le cabinet d'aisances, mais il n'y existe pas de vasistas.

Un verre est fêlé.

La baie donnant sur l'antichambre est fermée par une porte à un vantail à petits cadres idem et arasé.

Elle est ferrée de trois charnières en fer et fermée par un bec-de-cane à un bouton olive en cuivre idem et une boucle gibecière en cuivre.

Le bouton et la boule sont mal fixés.

Au-dessus de cette porte est une tablette, plus une autre en face, sur tasseaux en sapin.

Le plancher bas est carrelé en carreaux idem aux autres. Par le bas des murs sont des plinthes idem. Le plafond est peint en blanc à la colle. Il est crevassé.

La frise et les boiseries sont peintes à l'huile et les murs sont revêtus d'un papier de tenture à losanges avec bordures analogues haut et bas.

Cabinet attenant à l'antichambre.

Il est éclairé par une baie contenant une croisée à deux vantaux semblable pour menuiserie, vitrerie et serrurerie aux
autres ci-dessus détaillées.

A droite est une armoire fermée sur la face par une porte à
un ventail d'assemblage arasé d'un parement et à glace de l'autre.

Elle est ferrée de trois charnières en fer et fermée par une
serrure avec clef et gâche.

A l'intérieur sont deux tablettes en sapin et un fond sur tasseaux idem.

En face est une autre armoire fermée par une porte à un
vantail en tout idem à la précédente.

A l'intérieur est une tablette en sapin sur tasseaux.

Le carrelage est de même que celui de l'antichambre.

Le plafond est peint à la colle.

Les murs et les boiseries sont peints à l'huile.

Salle à manger.

Elle est éclairée sur la cour d'entrée, par deux baies contenant chacune une croisée à deux vantaux semblables pour
menuiserie, vitrerie et serrurerie aux autres ci-dessus détaillées.

A l'extérieur de chacune est une paire de persiennes bâti
chêne et lames en sapin ; elle est ferrée et fermée de même que
les précédentes. Une broche manque.

A l'extérieur est un balcon en fer idem surmonté d'une barre
d'appui. La baie donnant sur l'antichambre est fermée par une
porte à un vantail arasé d'un parement avec moulures rapportées et à petits cadres de l'autre.

Elle est ferrée de trois charnières et fermée par une serrure
idem à bouton double olive, clef et gâche.

Le bouton double est mal fixé.

Cette porte est ornée des deux faces par un chambranle idem
posé en trois sens sur socles.

A droite est un faux vantail formé par des montants et traverses moulurés.

Adossé au mur pignon est une niche construite en maçonnerie et cintrée en plan et en élévation, ladite ornée d'un chambranle mouluré en maçonnerie.

Elle contient un poêle en bisçuit recouvert d'une tablette en marbre rouge de quatre centimètres d'épaisseur.

Sur la face est une coquille en fonte, ornée d'une face en fonte quadrillée avec feuilles et un garde-feu mobile.

Au-dessous est un cendrier à tiroir en fonte reposant sur un gradin en tôle.

A gauche est une armoire fermée sur la face par une porte à deux vantaux d'assemblage arasé d'un parement et à glace de l'autre.

Elle est ferrée de six charnières et fermée par une serrure avec accessoires.

Pour le vantail dormant, est un ressort en acier avec mentonnet d'arrêt.

A l'intérieur sont six tablettes compris fond sur tasseaux idem. A droite du poêle, est une armoire idem, fermée par une porte à un vantail de même assemblage que les autres.

Elle est ferrée de trois charnières en fer et fermée par une serrure idem.

A l'intérieur sont des tablettes en sapin sur tasseaux.

Le plafond est peint en blanc à la colle, il est orné tout au pourtour d'une corniche en maçonnerie moulurée. Le plafond est crevassé. Au milieu du plafond est une rosace en carton pâte avec tirefond en fer au centre.

Le parquet est de même détail que les précédents.

Par le bas des murs règne un cours de plinthes unies en sapin; au-dessus sont des cimaises moulurées.

Les boiseries sont peintes en décors chêne, ainsi que la frise et depuis la frise jusqu'à la corniche, les murs sont décorés de champs en marbre jaune avec filet et panneaux en décors marbre blanc.

Cuisine.

Elle est éclairée sur la cour du fond par une baie contenant une croisée semblable pour menuiserie, vitrerie et serrurerie à celle détaillée dans le couloir.

Un verre est cassé.

A l'extérieur est une paire de persiennes à deux vantaux de même assemblage que les précédentes.

Elle est ferrée de quatre paumelles simples avec gonds à scellements et fermée de même que les autres.

A gauche est une baie contenant un châssis d'assemblage à un vantail vitré de trois verres blancs idem, séparé par des petits bois moulurés.

A l'extérieur est un vantail de persiennes de même assemblage que les précédents, ferré de deux paumelles idem et fermé par un loqueteau et crochet rond.

Adossé au mur mitoyen est un fourneau construit en brique, cendrier, paillasse et ceintures en fer.

La paillasse est carrelée en carreaux de faïence coloriée contient une poissonnière garnie de sa grille et son couvercle, trois réchauds carrés avec leur grille et un réchaud économique avec deux grilles.

Il manque une grille à l'un des réchauds.

Sur la face, sont trois bouches d'air, chacune est fermée par une porte à coulisse et deux autres bouches pour le réchaud économique.

En revêtement sur le mur sont deux rangs de carreaux de faïence de diverses couleurs.

Plusieurs carreaux de faïence sont fendus.

Au-dessus, est un manteau de cheminée en maçonnerie moulurée avec hotte ou pignonnage.

A gauche, est un âtre carrelé en carreaux de terre cuite avec ceinture en fer et est sans fermeture.

En retour à gauche, est un fourneau en fonte portatif de soixante-dix centimètres de haut sur soixante-cinq centimètres de profondeur et soixante-dix centimètres de largeur contenant sur le dessus un réchaud économique garni d'une couronne, d'un tampon et de ses deux grilles.

La couronne est fendue. Au fond est un bain-marie en cuivre rouge étamé, garni de son couvercle rond et un bouton.

A droite est un fort tuyau en tôle avec trappe à bouton et un petit en tôle avec collet en plâtre.

Sur la face à droite, est un four en tôle fermé par une porte abattante ferrée de pivots et fermée par un loquet à ressort et mentonnet d'arrêt.

Sur cette porte est un petit registre à bouton rond.

A l'intérieur est une tablette mobile en tôle garnie de quatre pieds.

Au-dessous est une étuve fermée sur la face par une porte abattante ferrée de pivots et garnie de ressorts et d'un bouton rond.

A gauche est un cendrier à tiroir en tôle.

Au-dessus est un robinet à béquille.

Entre les deux baies de croisées est une pierre d'évier en roche dure de quatre-vingt-dix-huit centimètres de longueur sur cinquante-huit centimètres de largeur et treize centimètres d'épaisseur, ladite creusée en bassin avec quatre angles, arrondie, percée d'un trou de goulotte, garnie d'une bande bouchon en cuivre et tuyau en plomb amenant les eaux à l'extérieur cette pierre est supportée par deux consoles en briques.

Au-dessous est une petite tablette en sapin.

Au-dessus sont deux tablettes supportées par quatre potences en chêne plus une autre tablette, mais plus petite.

Il existe un égouttoir en hêtre avec face au-dessous à claire-voie.

Près la porte est un cours de tablettes en deux sens un autre cours au-dessous avec barre à casserolles et dossiers en sapin.

A gauche de la porte est un autre cours de tablettes sur potences et tasseaux.

La porte d'entrée est à un vantail d'assemblage semblable à celle de la salle à manger, ferrée de trois charnières en fer et fermée par une targette en fer à bouton rond.

Le bec-de-cane existant à cette porte est hors de service.

Par le bas des murs règne un cours de plinthes unies en sapin.

Le plafond est peint en blanc à la colle.

Il est crevassé et la peinture est cloquée.

Les boiseries et les murs sont peints à l'huile.

Le plancher bas est carrelé en carreaux de terre cuite. La moitié du carrelage est vieux.

Il existe une sonnette en métal.

ÉTAGE SOUTERRAIN

Cave à gauche, au fond dans le couloir.

Cette cave est divisée en deux parties par une cloison en bois brut garnie d'une porte à un vantail également en vieux bois, barrée de deux barres.

Elle est ferrée de deux pentures en fer avec gonds à pattes et fermée par une vieille serrure deux tours, avec une clef et gâche.

La porte d'entrée donnant sur le couloir est à un vantail en vieux bois, ladite semblable à celle ci-dessus désignée. Les murs et la voûte sont en moellon. Le sol est battu en terre.

ÉTAGE DES COMBLES

Chambre portant le n° 6.

Elle est éclairée par un châssis de comble en fer dit à tabatière vitré de deux travées de verre blanc séparées par un petit fer, garnie de ses ferrures avec tringle à crémaillère à bouton rond.

La porte d'entrée est à un vantail d'assemblage arasé aux deux parements.

Elle est ferrée de trois charnières en fer et fermée par une vieille serrure, un tour pène dormant et demi-tour à bouton de coulisse en fer, une clef et gâche.

Le plafond est peint à la colle.

Il est taché.

Le carrelage est en carreaux de terre cuite.

Par le bas des murs règne un cours de plinthes.

La frise et les boiseries sont peintes à l'huile et les murs sont enduits en plâtre.

TEL EST l'état actuel des lieux que les parties reconnaissent exact après vérification, et le locataire s'engage à rendre lesdits lieux en état conforme à la fin de location et quittes de toutes réparations locatives.

Fait double à Paris le...

Lorsque la location est d'une certaine importance, il est utile de joindre le plan des lieux loués à l'état des lieux et de le faire signer également par les parties.

Changements dans les lieux loués

Le propriétaire ne doit faire dans les lieux loués et dans sa propriété aucun changement ou modification pouvant diminuer la lumière, le jour, intercepter la vue par exemple, élever de nouvelles constructions, etc.

Si les changements apportés par le propriétaire n'enlevaient aucun des agréments ci-dessus, cause déterminante souvent du prix de la location, le locataire serait fondé à réclamer une indemnité que s'il avait été troublé dans sa jouissance par l'exécution des travaux.

Si les travaux intérieurs étaient ordonnés par l'administration municipale, par exemple, par suite de l'insalubrité des lieux, le locataire pourrait demander soit une réduction de loyer si les travaux duraient plus de quarante jours, soit une résiliation de bail, mais sans dommages-intérêts, s'il y avait privation totale de jouissance.

Le locataire doit laisser rentrer le bailleur dans les lieux loués lorsque celui-ci veut se rendre compte de l'état de la propriété, des réparations à faire, constater leur urgence et s'il n'y a pas abus de jouissance.

Des logements insalubres

La loi du 13 avril 1850 modifiée par la loi du 25 mai 1864, porte :

ARTICLE PREMIER. — Dans toute commune où le conseil municipal l'aura déclaré nécessaire par une délibération spéciale, il nommera une commission chargée de rechercher et indiquer les mesures indispensables d'assainissement des logements et dépendances insalubres mis en location ou occupés par d'autres que les propriétaires, l'usufruitier ou l'usager.

Sont réputés insalubres les logements qui se trouvent dans des conditions de nature à porter atteinte à la vie ou à la santé de leurs habitants.

ART. 2. — La commission se composera de neuf membres au plus, et de cinq au moins.

En feront nécessairement partie un médecin et un architecte ou tout autre homme de l'art, ainsi qu'un membre du bureau de bienfaisance et du conseil des prud'hommes, si ces institutions existent dans la commune. La présidence appartient au maire ou à l'adjoint. Le médecin et l'architecte pourront être choisis hors de la commune. La commission se renouvelle tous les deux ans par tiers ; les membres sortant sont indéfiniment rééligibles.

Dans les communes dont la population dépasse 50,000 âmes, le conseil municipal pourra soit nommer plusieurs commissions, soit porter jusqu'à vingt le nombre des membres de la commission existante. A Paris, le nombre des membres pourra être porté jusqu'à trente.

Art. 3. — La commission visitera les lieux signalés comme insalubres. Elle déterminera l'état d'insalubrité, et en indiquera les causes, ainsi que les moyens d'y remédier. Elle désignera les logements qui ne seraient pas susceptibles d'assainissement.

Art. 4. — Les rapports de la commission seront déposés au secrétariat de la mairie, et les parties intéressées mises en demeure d'en prendre communication et de produire leurs observations dans le délai d'un mois.

Art. 5. — A l'expiration de ce délai, les rapports et observations seront soumis au conseil municipal, qui déterminera : 1° Les travaux d'assainissement et les lieux où ils devront être entièrement ou partiellement exécutés, ainsi que les délais de leur achèvement, 2° les habitations qui ne sont pas susceptibles d'assainissement.

Art. 6. — Un recours est ouvert aux interessés contre ces décisions devant le conseil de préfecture, dans le délai d'un mois à dater de la notification de l'arrêté municipal. Ce recours sera suspensif.

ART. 7. — En vertu de la décision du conseil municipal ou de celle du conseil de préfecture, en cas de recours, s'il a été reconnu que les causes d'insalubrité sont indépendantes du fait du propriétaire ou de l'usufruitier, l'autorité municipale enjoindra, par mesure d'ordre et de police, d'exécuter les travaux jugés nécessaires.

ART. 8. — Les ouvertures pratiquées pour l'exécution des travaux d'assainissement seront exemptées, pendant trois ans, de la contribution des portes et fenêtres.

ART. 9. — En cas d'inexécution dans les délais déterminés des travaux jugés nécessaires, et si le logement continue d'être occupé par un tiers, le propriétaire ou l'usufruitier sera passible d'une amende de 16 francs à 100 francs. Si les travaux n'ont pas été exécutés dans l'année qui aura suivi la condamnation, et si le logement insalubre a continué d'être occupé par un tiers, le propriétaire ou l'usufruitier sera passible d'une amende égale à la valeur des travaux. et pouvant être élevée au double.

ART. 10. — S'il est reconnu que le logement n'est pas susceptible d'assainissement et que les causes d'insalubrité sont dépendantes de l'habitation elle-même, l'autorité municipale pourra, dans le délai qu'elle fixera, en interdire provisoirement la location à titre d'habitation.

L'interdiction absolue ne pourra être prononcée que par le conseil de préfecture, et dans ce cas il y aura recours de sa décision devant le Conseil d'Etat. Le propriétaire ou l'usufruitier qui aura contrevenu à l'interdiction prononcée sera condamné à une amende de 16 francs, et en cas de récidive dans l'année, à une amende égale au double de la valeur locative du logement interdit.

Art. 11. — Lorsque par suite de l'exécution de la présente loi, il y aura lieu à résiliation des baux, cette résiliation n'emportera en faveur du locataire aucun dommage-intérêt.

Art. 12. — L'article 463 du Code pénal sera applicable à toutes les contraventions ci-dessus indiquées.

Art. 13. — Lorsque l'insalubrité est le résultat des causes extérieures et permanentes, ou lorsque ces causes ne peuvent être détruites que par des travaux d'ensemble, la commune pourra acquérir, suivant les formes et l'accomplissement des formalités prescrites par la loi du 3 mai 1841, la totalité des propriétés comprises dans le périmètre des travaux. Les portions de ces propriétés qui, après l'assainissement opéré, resteraient en dehors des alignements arrêtés pour les nouvelles constructions pourront être revendues aux enchères publiques, sans que, dans ce cas, les anciens propriétaires ou leurs ayants droit puissent demander l'application de articles 60 et 64 de la loi du 3 mai 1841.

Art. 14. — Les amendes prononcées en vertu de la présente loi seront attribuées en entier au bureau ou établissement de bienfaisance de la localité où sont situées les habitations à raison desquelles ces amendes auront été encourues.

Écoulement des eaux vannes dans les égouts publics

(Arrêté réglementaire du préfet de la Seine du 2 juillet 1867).

Article premier. — Les propriétaires des maisons en bordure sur la voie publique pourront faire écouler les eaux vannes de leurs fosses d'aisances dans les égouts de la Ville d'une manière directe.

A cet effet, ils souscriront des abonnements qui, s'il y a lieu, seront approuvés par arrêté préfectoraux, sur l'avis de l'ingénieur en chef des eaux et des égouts.

Ces abonnements seront annuels et révocables à la volonté de l'Administration. Ils partiront des 1er janvier et 1er juillet de chaque année.

Le propriétaire pourra y renoncer en prévenant le préfet de la Seine six mois à l'avance. Quelle que soit la date de l'avertissement, le prix de l'abonnement sera exigible jusqu'à son expiration.

Art. 2. — Les conditions à remplir pour l'abonnement sont les suivantes:

1° La propriété sera desservie par les eaux de la Ville ;

2° Elle sera pourvue d'un branchement d'égout particulier. Ce branchement pourra être prolongé jusqu'au caveau renfermant les appareils de vidange pour servir, si on le juge à propos, à l'enlèvement souterrain de ces appareils. Dans ce cas, le branchement sera fermé à l'aplomb du mur de face au moyen d'une grille verticale à deux clefs dissemblables, dont une établie sur le modèle arrêté par l'Administration, sera remise au service des égouts, l'autre demeurant aux mains du propriétaire. Cette grille ne sera pas exigible dans le cas où le caveau et le branchement y aboutissant seront sans communication avec l'intérieur de la propriété.

3° Les eaux vannes devront être séparées des solides au moyen d'appareils diviseurs d'un modèle accepté par l'Administration.

Les entrepreneurs chargés de la fourniture et de l'entretien de ces appareils seront exclusivement choisis parmi les entrepreneurs de vidanges en exercice à Paris;

Les appareils diviseurs seront établis dans un caveau convenablement ventilé, et dont le sol aura été rendu imperméable et disposé en forme de cuvette ;

Chaque chute de cabinet d'aisances sera pourvue d'un appareil diviseur mobile. Les chutes avec leurs branchements ne pourront être placés sous un angle supérieur à 45 degrés;

4° Les eaux vannes s'écouleront à part dans l'égout par une conduite en fonte ou en grès vernissé, établie suivant les instructions de l'ingénieur en chef des eaux et des égouts.

5° Les eaux pluviales, ménagères, industrielles et celles provenant de la concession desservant la propriété seront dirigées dans la conduite de manière à se mélanger aux eaux vannes avant qu'elles atteignent l'égout public. En aucun cas, les eaux de ces diverses provenances ne pourront être directement envoyées dans les appareils filtrants.

6° Les fosses fixes rendues inutiles par suite de l'installation des appareils diviseurs seront comblées ou converties en caves.

ART. 3. — Les dispositions qui précèdent et toutes celles que l'Administration jugerait utile de prescrire seront exécutées aux frais, risques et périls du propriétaire, d'après les instructions des agents du service des eaux et des égouts, et sans qu'il puisse être mis empêchement au contrôle de ces agents, sous quelque prétexte que ce soit.

Aucun appareil de vidange nouveau ne sera mis en

service qu'après avoir été reconnu par l'inspecteur de
de l'assainissement ou son délégué, qui en autorisera
l'usage.

Art. 4 — Les abonnés n'auront droit à aucune indemnité pour cause d'interruption momentanée d'écoulement d'eaux vannes à l'égout, par suite de travaux exécutés par la Ville de Paris, lorsque l'interruption ne se prolongera pas au delà d'un mois. Après ce terme la réduction de la redevance fixée par l'article 6 ci-après sera proportionnelle à la durée de l'interruption.

Art. 5. — Les abonnés seront exclusivement responsables envers les tiers de tous les dommages auxquels pourraient donner lieu, soient les appareils de vidange, soit l'écoulement des liquides en provenant.

Art. 6. — Le propriétaire, ou en son nom l'entrepreneur chargé de la fourniture et de l'enlèvement des appareils filtrants, acquittera à la caisse municipale une redevance annuelle de 30 francs par tuyau de chute.

Art. 7. — Le montant de la somme à payer sera fixé chaque semestre, après constatation contradictoire du nombre des orifices existants, par l'inspecteur de l'assainissement ou son délégué, en présence du propriétaire ou de son représentant, et sera reconnu par ceux-ci sur un état que l'ingénieur en chef et des égouts transmettra à la préfecture de la Seine pour être rendu exécutoire.

Le prix de l'abonnement sera versé en deux termes égaux (1er janvier et 1er juillet) et d'avance.

A défaut de payement à l'une des deux échéances, l'écoulement sera suspendu et l'abonnement pourra être résilié.

Entretien des rues ou parties de rues non pavées

(Ordonnance de police du 1er septembre 1853).

ART. 8. — Il est enjoint à tout propriétaire ou locataire de maisons ou terrains situés le long des rues ou partie de rues non pavées, de faire combler, chacun au droit de soi, les excavations, enfoncements et ornières et d'entretenir le sol en bon état ; de conserver et de rétablir les pentes nécessaires pour procurer aux eaux un écoulement facile, et de faire, en un mot, toutes les dispositions convenables pour que la liberté, la sûreté de la circulation et la salubrité ne soient pas compromises.

CHAPITRE V

Baux

Tout propriétaire peut donner à bail, terres, propriétés, etc., pour la durée qui lui convient (cependant on ne peut dépasser la limite de quatre-vingt-dix-neuf ans).

Un mandataire ne peut sans une autorisation spéciale passer un bail de plus de neuf années.

Tout propriétaire, lorsqu'il fait un bail, doit s'enquérir si son nouveau locataire n'est pas dans les cas d'empêchements prévus par la loi.

Le bail n'est assujetti à aucune forme. Il est parfait par le seul consentement des parties sur la chose et sur le prix, quelle que soit d'ailleurs la manière dont ce consentement aura été manifesté.

Un bail peut se faire par périodes, à la volonté de l'une ou des deux parties de résilier à chaque période en stipulant l'époque à laquelle ils doivent se prévenir de l'intention de résiliation.

Les baux pour être valables doivent toujours être écrits. De même pour les promesses de bail.

Quelquefois le bail se fait par devant notaire. Il s'appelle bail authentique.

Le bail sous seing privé est celui rédigé entre les parties sans le ministère d'un officier ministériel.

Lorsque le bail est fait par-devant notaire, c'est lui qui doit le faire enregistrer, dans les dix jours qui suivent la signature.

Le droit d'enregistrement est de 0 fr. 20 c. pour 100 francs sur le prix cumulé de toutes les années, ou par périodes s'il en est indiqué dans le bail, en ayant soin d'en payer le montant dans le premier mois de chacune de ces périodes.

Les frais d'enregistrement sont toujours acquittés par le preneur. Le propriétaire en est responsable en cas de non-payement, sauf recours sur son locataire.

Il devra être spécifié dans la rédaction du bail si la maison est louée bourgeoisement, commercialement ou industriellement ; si le locataire pourra faire des emballages dans les cours et, à cet effet, faire rentrer des voitures, etc.

Il est prudent de réserver les droits d'enseignes sur les façades, d'interdire au locataire de changer de commerce, et de faire concurrence à un locataire déjà installé. Indiquer si l'on se réserve le droit de louer à une industrie similaire à celle désignée sur le bail en rédaction ; si le locataire pourra avoir des chiens ou autres animaux ; enfin une série d'autres clauses que l'on trouvera dans le modèle de bail détaillé plus loin. La clause du bail, aux termes de laquelle le locataire renonce à former pendant le cours dudit bail aucune réclamation en dommages-intérêts contre le bailleur et à intenter contre lui aucune action quelconque devant les tribunaux, est nulle, car comme elle n'est pas admise par les tribunaux, il s'ensuit que le locataire peut former telle action contre le bailleur lorsque ses intérêts le lui commandent.

Le bail n'est pas résolu par la mort du bailleur ou du preneur, à moins de conventions contraires.

Le preneur a le droit de sous-louer et même de céder son bail à un autre, si cette faculté ne lui a pas été interdite.

Le propriétaire qui autorise un locataire à céder son bail à condition toutefois qu'il demeurera garant et répondant du cessionnaire, n'est point tenu de reconnaître ce dernier comme son débiteur direct. La cession n'affranchit le preneur d'aucune des obligations de son bail, il reste donc personnellement tenu du payement du prix, et c'est en son nom seul que la quittance doit être libellée.

Le bail cesse de plein droit par l'expiration du temps pour lequel il a été convenu et aussi par le consentement mutuel des parties, sauf les droits des tiers, de sous-locataires par exemple. Car cette résiliation ne porte aucune atteinte au droit du sous-locataire, si ce dernier occupe les lieux et en jouit en vertu du sous-bail qui a acquis date certaine au moment de la résiliation.

Le locataire, à la fin de son bail, est tenu de rendre les lieux dans l'état où ils se trouvaient, lors de son entrée en jouissance.

Il doit donc avant de quitter les lieux, faire faire toutes les réparations locatives, ou faire agréer au propriétaire une indemnité représentant la somme de ces dites réparations. En cas de non-entente, la difficulté doit-être portée devant le juge de paix.

Au jour fixé par l'usage et à midi au plus tard, le locataire doit remettre les lieux en bon état et rendre les clefs au propriétaire.

Les meubles du locataire sont pour le propriétaire la garantie du payement des loyers. Ils doivent être suffisants pour répondre de ce loyer, et c'est sur ces meubles que s'exerce le privilège que la loi accorde au propriétaire.

Souvent les lieux sont loués à un locataire qui, par sa profession et suivant la destination des lieux, ne peut les garnir de meubles. En ce cas, il est prudent au propriétaire de demander un cautionnement qui est ordinairement de deux termes de loyer.

Les demandes en résiliation de baux en cas de non-payement, les expulsions des lieux et les demandes en validité de saisie-gagerie, sont de la compétence du juge de paix, lorsque le loyer annuel ne dépasse pas la somme de 400 francs.

Le juge de paix prononce sans appel pour le payement du loyer jusqu'à la somme de 100 francs.

Au-dessus de ces sommes, il faut assigner le locataire en référé devant le tribunal de première instance.

Si le locataire refuse d'entrer dans les lieux loués, ou ne les garnit pas, ou ne paye pas les termes convenus d'avance, le propriétaire peut, à son choix, soit le forcer à remplir ses obligations, soit demander la résiliation du bail avec dommages-intérêts.

Si le propriétaire se trouvait dans l'impossibilité de délivrer les lieux loués sans qu'il y ait mauvaise foi, le locataire n'en peut exiger la délivrance, mais il a le droit de demander la résiliation du bail avec dommages et intérêts.

Il est très important de désigner dans les baux l'emplacement que doivent occuper les enseignes, si elles sont nécessaires pour les besoins du commerce ou de l'industrie des locataires, car faute de ne pas se conformer à cette clause du bail, le bailleur peut en demander et obtenir la résiliation.

Sans convention, la façade extérieure des lieux loués est sensée également louée et le locataire peut s'en servir pour y faire des incriptions.

Le locataire peut également mettre une inscription ou un écriteau sur la porte de son appartement.

Modèle de bail.

MAISON

à Paris

BAIL

de M ________

ÉCHÉANCE

PRIX

Entre les soussignés :

M ________________________propriétaire de la maison sise à Paris ____________________
demeurant ____________________bailleur.

Et M____________________demeurant actuellement____________________
preneur :

L'an mil huit cent soixante et ____________________

A été dit et convenu ce qui suit :

M____________________donne à loyer à M____________________
qui accepte pour____________________
années, à partir du____________________
et pour continuer ensuite, à titre de location, sans bail, tant que l'une des parties n'aura pas donné congé en temps voulu par l'usage, les lieux désignés dans l'état de lieux à la suite des présentes, et dont le preneur déclare avoir parfaitement connaissance, et ce moyennant un loyer annuel de____________________
payables par quart réguliè-

rement au domicile du bailleur s'il le demande et aux échéances
en usage à Paris.

La location en est faite pour jouissance personnelle, conforme
à leur destination, et de plus aux clauses et conditions qui vont
suivre, à la stricte observance desquelles le preneur s'engage
pour lui et les siens.

1° Les lieux loués seront et resteront meublés et garnis, de
manière à assurer l'exécution des présentes et le payement des
loyers ;

2° Les eaux de ménage ou de toilette ne devront jamais être
versées dans les fosses, même pendant la durée des gelées,
bien qu'alors l'usage des plombs et tuyaux de descente pourra
être interdit ;·

3° Aucune sous-location ne pourra être faite et aucun changement dans la disposition des lieux ne pourra se faire sans
l'assentiment formel et écrit du bailleur ;

4° Tous objets fixés aux murs, cloisons, boiseries ou fenêtres,
devront être laissés en place, à la fin du bail et sans indemnité
aucune, à moins de convention ultérieure ;

Cependant, en réparant de la façon la plus complète tous les
dégâts dus à leur enlèvement, le preneur pourra les déposer et
garder ;

5° Il ne sera placé aucun objet aux fenêtres ou sur les balcons ;

6° Le preneur souffrira et laissera faire toutes grosses réparations ainsi que tous travaux courants d'entretien dans la propriété, sans pouvoir de ce fait prétendre à aucune indemnité ;

7° Les lieux loués seront entretenus et rendus par le preneur en parfait état de réparations locatives et conformes à
l'état des lieux annexé aux présentes ; — ces réparations à
faire, selon état arrêté par architectes des parties, devront être
entièrement terminées au moment de la remise des clefs, sous
peine d'indemnités ;

8° Le preneur observera et fera observer par les gens de sa
maison le règlement fait pour en assurer la tenue, l'ordre et la
sûreté, et notamment en ce qui concerne la réception de toutes
provisions et denrées avant dix heures du matin ;

9° Les présentes conventions verbales seront présentées à
l'enregistrement par le preneur en temps utile, et tous frais qui
en résulteront seront à sa charge, amendes comprises, en cas
de retard;

10⁰ L'impôt des portes et fenêtres, à la charge du locataire, suivant la loi, sera remboursé par lui au bailleur chaque année et pour l'année entière au terme d'avril ;

11⁰ Le preneur demeurera en outre chargé de toute taxe de ville et de police dont sont et pourraient être tenus les locataires ;

12⁰ Le défaut de payement exact entraînera de plein droit, à la volonté du bailleur seul, la déchéance du preneur de tous les droits et bénéfices qu'il lui confère sans qu'il soit nécessaire de faire prononcer la résiliation judiciairement ;

13⁰ L'escalier de service devra seul servir au montage et à la descente de tous meubles, caisses de voyage et paquets autres que ceux tenus à la main. Exception est faite pour tous gros meubles qui, ne se démontant pas, ne pourraient passer par cet escalier.

De son côté, le bailleur s'engage à tenir les lieux clos et couverts suivant l'usage et à assurer la libre et paisible jouissance du locataire, qui, lui-même, devra jouir des lieux loués sans troubles aucuns pour les autres locataires, et, par conséquent, s'engage à ne conserver aucun animal malpropre, malfaisant ou bruyant ;

14⁰ Le preneur s'engage également à faire ramoner à ses frais ses cheminées, suivant les ordonnances de police, deux fois pendant l'hiver, et ce, par le fumiste de la maison, sans que, bien entendu, cette obligation le décharge de sa responsabilité comme locataire.

S'il s'agit d'une boutique ou magasin, il faut ajouter les clauses suivantes :

15⁰ Le preneur s'engage à ne jamais rien changer à la devanture de la boutique sans le consentement écrit du bailleur ;

19⁰ A n'appliquer aucune enseigne ou inscription ailleurs que sur la devanture de sa boutique ;

17⁰ A tenir la boutique, d'après sa destination, constamment ouverte et achalandée ;

18⁰ A ne faire dans cette boutique aucun autre commerce que celui de____ et de ne jamais y vendre ou annoncer de quelque manière directe ou indirecte aucun article des autres professions établies dans ladite maison, et desquelles professions il déclare avoir pris parfaite connaissance ;

19⁰ A faire faire à ses frais, au droit et dans l'étendue des lieux loués, le balayage et l'arrosement de la voie publique et à satisfaire aux autres charges de police dont les locataires sont ordinairement tenus.

Le bailleur reconnaît que le preneur lui a payé la somme de____pour six mois desdits loyers payés d'avance, lesquels seront imputables sur les six derniers mois de jouissance.

Fait double, le____

Modèle de location verbale ordinaire.

MAISON

____

LOCATION

*à M*________

____

PRIX

____

PLUS

Portes et Fenêtres.

____

Entre les soussignés :

________________________________propriétaire d'une maison sise____
bailleur________________d'une part, demeurant à Paris____
M ____
demeurant présentement________________________
________________________ preneur,________________
d'autre part.

Est dit et convenu :

1° Que M________________donne à loyer pour le terme d____
pour entrer en jouissance le________________________
________________à M________________________________
qui l'accepte pour cette époque, les lieux désignés plus loin et sis dans ladite maison au________étage à________________
________________moyennant un loyer annuel de________________
________________________que le preneur s'engage à payer en quatre termes égaux et régulièrement les quinze de Janvier, Avril, Juillet et Octobre, au domicile du bailleur.

Les lieux loués consistent en________________________

____

____

____

____

Le preneur s'engage en outre :

1° A garnir les lieux d'un mobilier suffisant à la garantie des loyers____

2⁰ A ne jeter ni laisser jeter, en aucun temps, les eaux de ménage et de toilette dans les fosses, et à laisser boucher la pierre d'évier pendant les gelées ;

3⁰ A ne sous-louer quoi que ce soit et à ne faire aucun changement dans la disposition des lieux sans l'assentiment du bailleur ;

4⁰ A les occuper conformément à leur destination en veillant à leur entretien, comme à la conservation des papiers et peintures, sous peine de légitime indemnité ;

5⁰ A laisser au bailleur, quand l'appartement lui sera rendu, tous les objets fixés dans les murs, boiseries, portes, fenêtres, cloisons, sans indemnité aucune ;

6⁰ A ne placer quoi que ce soit en dehors des fenêtres ;

7⁰ A faire ramoner chaque année, suivant les règlements de police, toutes ses cheminées, par le fumiste de la propriété, dès qu'il se présentera pour cela, et à en payer immédiatement la note, sans que, bien entendu, cette obligation le décharge de sa responsabilité comme locataire ;

8⁰ A jouir paisiblement, sans trouble aucun pour les autres locataires et, à cet effet, à ne conserver aucun animal malpropre, malfaisant ou bruyant ;

9⁰ A entretenir les lieux pour les rendre en bon état de réparations locatives et conformes à l'état des lieux, le jour de la remise obligatoire des clefs, sans recours au bailleur, pendant la durée de l'occupation, pour quoi que ce soit, sauf grosses réparations ;

10⁰ A faire élection de domicile à Paris, comme le bailleur, pour toute contestation ;

11⁰ Le preneur souffrira et laissera faire toutes grosses réparations ainsi que tous travaux courants d'entretien dans la propriété, sans pouvoir de ce fait prétendre à aucune indemnité.

Fait double, le——————————————— ——— ———————

Denier à Dieu

Le denier à Dieu, en usage à Paris pour les locations verbales, est le signe de l'engagement contracté entre le locataire et le concierge, lorsque la location se fait sous l'intervention du propriétaire.

Cet engagement n'a aucune valeur légale; chacune des parties pouvant se dédire par mauvaise foi.

Le locataire peut réclamer la restitution du denier à Dieu dans les vingt-quatre heures si c'est lui qui se dédit. Si c'est le propriétaire qui rompt l'engagement pris pour lui par son concierge, le denier à Dieu doit être rendu au locataire quel que soit le temps écoulé.

On voit par là que la prudence commande de ne jamais faire de location sans engagement écrit; car un locataire qui, après avoir signé un engagement, refuserait de prendre possession des lieux loués, sous prétexte que cet engagement ne constitue pas un bail, pourrait être condamné à des dommages-intérêts pour inexécution des contraventions verbales.

Cession de bail

Un commerçant qui vend son fonds de commerce peut céder son bail avec l'assentiment du propriétaire. Malgré cette autorisation, il reste toujours garant des obligations contenues dans le bail et la quittance du loyer doit toujours être faite en son nom, car il reste personnellement responsable des charges du bail fait à son nom, et dont il ne se trouve pas affranchi par la cession du droit au bail qui n'est qu'une accession à la vente de son fonds de commerce.

Profession du locataire

Le locataire n'a pas le droit de changer sa profession sans le consentement du bailleur.

La résiliation du bail peut être demandée lorsque, après la prise de possession des lieux, le prévenu exerce une profession différente de celle indiquée au bail.

Payement des loyers

Le payement du prix du loyer doit être fait de la manière convenue entre les parties et aux époques déterminées par le bail, ou à défaut, par l'usage des lieux.

A moins de clause spéciale, le payement doit être effectué au domicile du locataire, et la somme remise au propriétaire ou à son fondé de pouvoirs.

A défaut de payement, le locataire peut être poursuivi par le propriétaire, et la somme due pour loyer produit intérêts du jour de la demande formée en justice.

Lorsque le bail a été passé par-devant notaire, le propriétaire avec la grosse de son bail peut, un jour après le commandement de payer, signifier par huissier à son locataire, faire saisir-exécuter les meubles et effets de ce dernier et faire procéder à la vente de ces meubles huit jours après la signification de cette saisie au locataire.

Lorsque le bail est sous seing privé, ou qu'il n'y a que location verbale, le propriétaire envoie un commandement de payer, et le lendemain fait saisir-gager les meubles de son locataire en garantie des loyers échus. Après avoir obtenu jugement rendant cette saisie valable, le propriétaire le fait signifier au locataire avec nouveau commandement de payer. S'il n'obtient pas encore satisfaction, il fait procéder à la saisie-exécution des meubles et effets, et la vente a lieu huit jours après la signification de cette saisie.

Le propriétaire peut également faire saisir-arrêter entre les mains des débiteurs de son locataire les sommes qui seraient dues à ce dernier.

Souvent le bail porte cette clause que, à défaut de payement dûment constaté, le bail sera résolu de plein droit. Dans ce cas, le propriétaire met son locataire en demeure, par une sommation, de payer son terme, et faute par ce dernier d'y satisfaire dans le délai indiqué, le jugement prononcera la résiliation du bail.

Les loyers des maisons se prescrivent par cinq ans.

Si le preneur est un locataire principal et qu'il ne paye pas son loyer, le propriétaire doit former entre les mains des sous-locataires, des saisies-arrêts et des saisies-gageries et faire ordonner par justice qu'ils seront tenus de le payer.

La résiliation du bail du principal locataire, par suite d'inexécution de ses obligations, entraîne la résolution des sous-baux, s'il en avait contracté avec les sous-locataires, à moins que ceux-ci ne les aient faits approuver par le propriétaire.

La loi accorde au propriétaire un privilège sur certains meubles du locataire qu'il peut saisir-gager et même revendiquer, sauf ceux du coucher. Le privilège existe également pour les réparations locatives et pour tout ce qui concerne l'exécution du bail.

Le propriétaire peut saisir les meubles qui garnissent les lieux loués lorsqu'ils ont été déplacés sans son consentement, et il conserve sur eux son privilège, pourvu qu'il en ait fait la revendication dans le délai de quinze jours, à partir du jour où ces meubles ont été déplacés.

Il est donc très-important lorsque l'on loue à un nouveau locataire de s'informer s'il a payé ses loyers dans la maison qu'il vient de quitter. Sans cela, l'ex-propriétaire, usant de son droit de revendication, pourra se faire payer de préférence au nouveau bailleur.

Le privilège du propriétaire pour les loyers qui lui sont dus prime les frais de justice de la faillite du locataire, les frais de scellés et de décès. Si le propriétaire se trouve en concurrence avec la régie des contributions indirectes, son privilège se réduit à six mois de loyer.

Les actions en payement des loyers ainsi que la demande d'expulsion des lieux peuvent être portées devant le juge de paix, qui est compétent lorsque le loyer annuel n'excède pas 400 francs et qui juge sans appel jusqu'à la valeur de 100 francs.

Il est également compétent pour les réparations locatives au-dessous de 100 francs.

Pour conserver son privilège sur les meubles de son locataire saisis par un autre créancier et déplacés pour être vendus, le propriétaire doit former opposition sur le prix de la vente.

Congés

Si le bail est fait avec ou sans écrit, l'une des parties ne pourra donner congé à l'autre qu'en observant les délais fixés par l'usage des lieux pour les locations verbales et ceux indiqués sur le bail écrit, s'il y en a un.

Pour les logements d'un loyer annuel de 400 francs et au-dessous, les congés doivent être donnés à six semaines.

Pour ceux au-dessus de 400 francs et à quelque somme que puisse s'élever le loyer, les congés doivent être donnés à six mois.

Il faut donc que les délais des six semaines, des trois mois et des six mois soient pleins.

Ainsi les termes commencent, à Paris, les premiers

des mois de janvier, d'avril, de juillet et d'octobre, les congés doivent être donnés au plus tard aux époques suivantes :

1° La veille du demi-terme, c'est-à-dire les 14 des mois de février, mai, août et novembre, pour les locations de 400 francs et au-dessous;

2° La veille du commencement du dernier terme, c'est-à-dire les 30 décembre, 30 mars, 30 juin, 30 septembre, pour les locations au-dessus de 400 francs.

Enfin deux termes pleins pour les locations de boutiques, magasins, maisons entières.

Si la veille du jour du demi-terme ou du terme était un dimanche ou une fête légale, il faudrait, pour être valable, que le congé fût donné la veille.

A Paris, l'usage accorde au locataire pour vider les lieux loués et faire faire les réparations locatives un délai de huit ou quinze jours, selon que le prix du loyer est au-dessous ou au-dessus de 400 francs.

A moins de conventions contraires, stipulées au bail, ces délais de huit ou quinze jours sont de rigueur, et un locataire expulsé par jugement pour le premier du mois a le droit de jouir de ce délai selon la valeur de son loyer.

Pour être valable, le congé doit être fait et donné par écrit soit sous seing privé, soit par huissier, soit par-devant notaire.

Le congé à l'amiable sous seing privé doit-être fait en autant d'expéditions qu'il y a de parties, et être rédigé sur papier timbré pour éviter l'amende s'il y a lieu de le produire en justice.

Le congé est signifié par huissier lorsque les parties ne sont pas d'accord.

C'est la partie qui le fait signifier qui doit en supporter les frais.

Si le propriétaire est obligé de signifier congé à son locataire, par défaut de payement de ses loyers, comme ce dernier est la cause de cette dépense, c'est lui qui en supportera les frais.

A partir du moment où il a reçu ou donné congé, le locataire, sous peine de dommages-intérêts, est tenu de laisser visiter les lieux qu'il occupe. S'il s'absente, il doit remettre les clefs au propriétaire ou à celui qui le représente.

Avant de quitter les lieux, le locataire doit justifier du payement de ses contributions. Si, le jour de l'expiration de la location, le locataire se refuse à sortir, le propriétaire, si la location est au-dessus de 400 francs, fait citer le locataire devant le juge de paix. Au-dessus de cette somme, le propriétaire fait assigner le locataire en référé pour obtenir jugement d'expulsion du locataire.

Si les réparations locatives ne sont pas faites, il faut en faire dresser immédiatement l'état par huissier et sommer le locataire de les faire exécuter de suite ou d'en déposer la valeur. En cas de refus, l'assigner en référé pour séquestration des meubles devant répondre du montant de ces travaux et des dommages-intérêts s'il y a eu préjudice de jouissance pour le propriétaire.

Lorsque le locataire, par son immoralité et les scandales qui en sont la suite, parfaitement constatés, ne veut pas quitter les lieux sur l'injonction qui lui en est faite, le propriétaire peut le poursuivre en résiliation de bail et le faire expulser, car, là, il nuit aux intérêts d'autrui par le mauvais renom qu'il donne à la propriété.

Contributions

La contribution foncière est à la charge des propriétaires ou des usufruitiers.

La contribution foncière est celle qui est établie sur les propriétés territoriales bâties ou non bâties.

La répartition de la contribution foncière est faite par égalité proportionnelle, sur toutes les propriétés foncières, à raison de leur revenu net imposable.

Le propriétaire qui vend sa propriété doit en avertir le bureau des contributions. Faute de faire cette déclaration il continue d'être imposé au rôle et peut-être contraint de payer son imposition foncière.

La contribution des portes et fenêtres est établie sur les portes et fenêtres donnant sur les rues, cours et jardins des maisons, bâtiment et usines.

La taxe des portes et fenêtres est payée par le propriétaire qui en fait la répartition à chacun de ses locataires, car à moins de convention contraire, ceux-ci en doivent le remboursement au propriétaire, d'après le nombre d'ouvertures des lieux loués.

Ne sont pas soumises à l'impôt les portes et fenêtres pratiquées dans l'intérieur des maisons, bâtiments. De même les ouvertures qui, bien que donnant à l'extérieur, sont destinées à éclairer les granges, écuries, bergeries, étables, greniers, caves, laiteries, bûchers, orangeries et autres locaux qui ne servent pas à l'habitation des personnes, ainsi que toutes les ouvertures des combles et toitures des maisons habitées. Cependant lorsque les châssis à tabatière ou œils-de-bœuf éclairent une pièce habitable, ils sont soumis à l'impôt.

Les ouvertures pratiquées pour l'exécution des travaux

d'assainissement sont exemptes pendant trois ans de la contribution des portes et fenêtres.

Pour les boutiques, l'on compte autant d'ouvertures qu'il y a de séparations solides, soit en pierre, en fer ou en bois.

Le payement de l'impôt des portes et fenêtres est à la charge du locataire et le propriétaire a, pour l'obtenir, le même privilège que sur les loyers.

Avant de laisser déménager, il faut s'enquérir si le locataire a acquitté ses contributions. En cas de non-payement, le propriétaire a le droit de s'opposer à la sortie des meubles, car lui-même est responsable de ces contributions vis-à-vis de l'administration.

Voici ci-dessous les obligations que la loi impose aux propriétaires et principaux locataires, afin d'éviter les poursuites en garantie, à raison des contributions de leurs locataires.

I

La contribution mobilière est due par le contribuable nominativement désigné au rôle; cependant le propriétaire et le principal locataire sont garants du payement de la contribution mobilière de leurs locataires, sauf recours contre ces derniers.

1° — Si, un mois avant l'époque fixée pour le déménagement, ils n'ont pas eu soin de déclarer ce déménagement au percepteur, et s'ils ne justifient d'une reconnaissance écrite de cette déclaration;

2° — Lorsque, dans le cas de déménagement furtif, ils ont négligé de faire constater ce déménagement dans les trois jours, soit par le commissaire de police du quartier, soit par le juge de paix ou le maire de l'arrondissement;

3⁰ — Et enfin quand les contribuables imposés sont logés en garni. Dans ce dernier cas, les propriétaires et principaux locataires demeurent responsables, nonobstant toute déclaration de leur part. (Art. 22 et 23 de la loi du 21 avril 1832.)

II

La contribution des patentes est due également par le contribuable nominativement imposé ; néanmoins le propriétaire et le principal locataire demeurent responsables du dernier douzième échu et du douzième courant des patentes dues par leurs locataires ou sous-locataires.

1⁰ — Si, un mois avant le terme fixé par le bail ou les conventions particulières pour le déménagement de ces derniers, ils n'ont pas donné avis de ce déménagement au percepteur ;

2⁰ — Lorsque, dans le cas de déménagement furtif, ils ont négligé de donner avis de ce déménagement au percepteur dans les trois jours. (Art. 25 de la loi du 25 avril 1844.)

III

Les propriétaires et principaux locataires ne sont point dispensés des formalités prescrites par la loi, lors même que le déménagement devrait avoir lieu avant l'époque de la mise en recouvrement des rôles de la contribution mobilière et des patentes.

La même obligation existe à l'égard des locataires emménagés postérieurement à l'émission des rôles, et qui ne peuvent, par conséquent, figurer au tableau d'autre part.

IV

Dans le cas où le percepteur **refuserait** de recevoir la déclaration qui lui serait faite, un mois ou plus avant l'époque du déménagement, le propriétaire ou principal locataire a la faculté de porter cette déclaration devant le maire ou le juge de paix de son arrondissement et d'en prendre acte, ou de la faire notifier au percepteur par un huissier.

V

Le propriétaire ou principal locataire qui croirait mal fondées les poursuites en garantie exercées contre lui peut se pourvoir devant le préfet du département de la Seine.

Il joindra à sa réclamation la contrainte administrative qui lui aura été adressée, ainsi que la reconnaissance de la déclaration du déménagement prévu ou le certificat du déménagement furtif. Cette pétition, écrite sur papier timbré pour toute taxe de 30 francs et au-dessus, devra être déposée à la préfecture dans les dix jours de la réception de la contrainte.

VI

Le propriétaire ou principal locataire qui, à la réception du présent avis, reconnaîtrait que quelques-uns des contribuables y désignés ont cessé d'habiter sa maison au terme de janvier, remettra dans le mois, au receveur percepteur, les avertissements concernant lesdits contribuables, dont le nouveau domicile sera indiqué autant que possible. A défaut des avertissements, il y aura lieu de déposer au bureau du receveur un état nominatif certifié des locataires déménagés; il sera délivré récépissé des pièces déposées.

VII

Lorsqu'une taxe de patente sera mise en recouvrement dans le cours de l'année, en vertu d'un rôle supplémentaire, ou bien lorsqu'un nom aura été substitué à un autre sur le rôle mobilier ou le rôle des patentes, le propriétaire ou principal locataire de la maison habitée par le contribuable ainsi imposé sera tenu de remplir, à l'égard de ce dernier, toutes les formalités mentionnées au présent avis.

Balayage et propreté de la voie publique
Transport des matières insalubres

(Loi du 26 mars 1873)

ARTICLE PREMIER. — A partir de la promulgation de la présente loi, la charge qui incombe aux propriétaires riverains des voies de Paris livrées à la circulation publique de balayer, chacun au droit de sa façade, sur une largeur égale à celle de la moitié desdites voies et ne pouvant toutefois excéder six mètres, est et demeure convertie en une taxe municipale obligatoire, payable en numéraire, suivant un tarif délibéré en Conseil municipal après enquête et approuvé par un décret rendu dans la forme des règlements d'administration publique, tarif qui devra être revisé tous les cinq ans.

Il ne sera pas tenu compte, dans l'établissement de la taxe, de la valeur des propriétés, mais seulement des nécessités de la circulation, de la salubrité et de la propreté de la voie publique. La taxe totale ne pourra d'ailleurs dépasser les dépenses occasionnées à la ville de Paris pour le balayage de la superficie mise à la charge des habitants. Le recouvrement de cette taxe aura lieu comme en matière de contributions directes.

Art. 2. — Le payement de ladite taxe n'exemptera pas les riverains des voies publiques des obligations qui leur sont imposées par les règlements de police en temps de neige et de glace.

Enlèvement des immondices

(Arrêté du préfet de la Seine 11 septembre 1870)

Article premier. — L'article 11 de l'ordonnance de police du 1ᵉʳ septembre 1853 qui autorise le dépôt sur la voie publique des ordures et résidus de ménage est rapporté.

En conséquence, il est interdit de déverser dans les rues, sur les quais, places, ports, berges de la rivière, et généralement sur aucun point de la voie publique, des résidus quelconques de ménage.

Au premier son de la cloche qui annoncera le passage du tombereau, ces résidus seront versés directement par les habitants dans les voitures de nettoiement; ces résidus pourront être déposés dans des récipients qui seront placés à la porte des maisons, à cinq heures et demie du matin.

Ces récipients seront enlevés et déversés dans les voitures par leurs desservants.

Art. 2. — La même interdiction et les mêmes obligations s'étendront aux maisons situées dans les cours, passages, cités, impasses inaccessibles aux voitures d'enlèvement.

Ordonnance concernant les glaces et neiges

(Ordonnance du préfet de Police du 14 décembre 1851)

ARTICLE PREMIER. — Dans les temps de glaces, les propriétaires ou locataires sont tenus de faire casser la glace au-devant de leurs maisons, boutiques, cours, jardins et autres emplacements, jusqu'au milieu de la rue ; ils mettront les glaces en tas, savoir : dans les rues à chaussée bombée, le long des ruisseaux, du côté de la chaussée ; dans les rues à chaussée fendue, le long des trottoirs. Ils feront également balayer et relever les neiges lorsqu'ils y seront invités par les commissaires de police et les autres agents de l'administration.

ART. 2. — Ils feront, en outre, gratter et nettoyer les trottoirs ou parties de voie publique correspondantes, de manière à prévenir les accidents et assurer la circulation. Ils feront, chaque jour, dégager les gargouilles, établies sur ces trottoirs, des glaces ou tous autres objets qui pourraient gêner l'écoulement des eaux.

ART. 3. — En cas de verglas, ils jetteront au-devant de leurs habitations et jusque sur les chaussées, des cendres, du sable et du mâchefer.

ART. 5. — Il est défendu de déposer des neiges et glaces sur les tampons et auprès des grilles et des bouches d'égouts. Il est également défendu de pousser dans les égouts les glaces et neiges congelées, qui, au lieu de fondre, interceptent l'écoulement des eaux.

ART. 6. — Il est interdit de déposer dans les rues aucune neige et glace provenant des cours ou de l'intérieur des habitations.

ART. 7. — Les propriétaires et chefs d'établissements

soit publics, soit particuliers, qui emploient beaucoup
d'eau, ne doivent pas laisser couler sur la voie publique
les eaux de ces établissements pendant les gelées. La
même interdiction est faite aux concessionnaires des
eaux de la Ville. Les contrevenants seront tenus de faire
briser et enlever les glaces formées par leurs eaux jusqu'aux bouches d'égouts les plus voisines : faute par eux
d'opérer ce bris et cet enlèvement, il y sera procédé
d'office à leurs frais, sans préjudice des peines encourues.

Art. 8. — Il est expressément défendu de former des
glissades sur les boulevards, les places et autres portions
de la voie publique.

Art. 9. — Les concierges, portiers ou gardiens des
établissements publics sont personnellement responsables
de l'exécution des dispositions ci-dessus en ce qui concerne ces établissements.

Art. 10. — Il n'est point dérogé aux dispositions de
l'ordonnance concernant le balayage et la propreté de la
voie publique. Ces dispositions continueront de recevoir
leur exécution, notamment celles qui interdisent les dépôts de graviers et décombres.

L'ordonnance du 21 décembre 1850 est rapportée.

Arrosage de la voie publique pendant les chaleurs

Ordonnance de police du 20 juin 1851.

Article premier. — A compter du jour de la publication de la présente ordonnance, et pendant tout
le temps que dureront les chaleurs, les propriétaires
ou locataires sont tenus de faire arroser au moins une

fois par jour, de onze heures du matin à deux heures de l'après-midi, la partie de la voie publique au-devant de leurs maisons, boutiques, jardins et autres emplacements en dépendant, ils feront écouler les eaux des ruisseaux pour en éviter la stagnation. Ces dispositions sont applicables aux propriétaires ou locataires des passages publics et à ciel ouvert existant sur des propriétés particulières ; — 2⁰ Il est défendu de se servir de l'eau stagnante des ruisseaux pour l'arrosement. Il est également défendu de lancer l'eau sur la voie publique de manière à gêner la circulation ou à éclabousser les passants ; — 3⁰ Les concierges, portiers ou gardiens des établissements publics et maisons domaniales sont personnellement responsables de l'exécution des dispositions ci-dessus, en ce qui concerne les établissements et maisons auxquels ils sont attachés ; — 4⁰ Les contraventions aux injonctions ou défenses faites par la présente ordonnance seront constatées par des procès-verbaux ou rapports qui nous seront adressés.

Ordonnance de police sur l'épuisement de l'eau dans les Caves

(13 *février* 1802)

ARTICLE PREMIER. — Les propriétaires feront épuiser l'eau qui serait encore dans les caves et souterrains de leurs maisons ; ils feront aussi enlever les vases et limons qui s'y trouveront, le tout à peine de 400 francs d'amende.

ART. 2. — Autorisons les locataires à défaut du propriétaire à faire épuiser l'eau de leurs caves et à retenir sur leurs loyers le prix de l'épuisement.

Art. 3. — Les réparations seront faites sans délai en cas de péril imminent, le tout à peine de 400 francs d'amende.

Salubrité des habitations

Ordonnance du préfet de police du 23 novembre 1853.

Article premier. — Les maisons doivent être tenues, tant à l'intérieur qu'à l'extérieur, dans un état constant de propreté.

Art. 2. — Les maisons devront être pourvues de tuyaux et cuvettes, en nombre suffisant pour l'écoulement et la conduite des eaux ménagères. Ces tuyaux et cuvettes seront constamment en bon état; ils seront lavés et nettoyés assez fréquemment pour ne jamais donner d'odeur.

Art. 3. — Les eaux ménagères devront avoir un écoulement constant et facile jusqu'à la voie publique, de manière qu'elles ne puissent séjourner ni dans les cours ni dans les allées. Les gargouilles, caniveaux, ruisseaux, destinés à l'écoulement de ces eaux seront lavés plusieurs fois par jour et entretenus avec soin. Dans le cas où la disposition du terrain ne permettrait pas de donner un écoulement aux eaux sur la rue ou dans un égout, elles seront reçues dans des puisards, pour la construction desquels on se conformera aux dispositions de l'ordonnance de police du 20 juillet 1838.

Art. 4. — Les cabinets d'aisances seront disposés et ventilés de manière à ne pas donner d'odeur. Le sol devra être imperméable et tenu dans un état constant de propreté. Les tuyaux de chute seront maintenus en bon état et ne devront donner lieu à aucune fuite.

Art. 5. — Il est défendu de jeter ou de déposer dans

les cours, allées ou passages, aucune matière pouvant entretenir l'humidité ou donner de mauvaises odeurs. Partout où les fumiers ne pourront être conservés dans des trous couverts ou sur des points où ils ne compromettraient pas la salubrité, l'enlèvement en sera opéré chaque jour avec les précautions prescrites par les règlements. Le sol des écuries devra être rendu imperméable dans la partie qui reçoit les urines. Les écuries devront être tenues avec la plus grande propreté, les ruisseaux destinés à l'écoulement des urines seront lavés plusieurs fois par jour.

Art. 6. — Indépendamment des dispositions prescrites par les articles qui précèdent, il sera pris, à l'égard des habitations, et notamment de celles qui sont louées en garni, telles autres mesures spéciales qui seraient jugées nécessaires dans l'intérêt de la salubrité et de la santé publiques.

Il est, d'ailleurs, expressément recommandé de se conformer à l'instruction du Conseil de salubrité annexée à la présente ordonnance.

Art. 7. — Les ordonnances de police des 23 octobre 1819, 5 juin 1834, 12 décembre 1849, 8 novembre 1851, 3 décembre 1829, 27 mai 1845, 27 février 1838, 20 juillet 1838, 31 mai 1842, 5 novembre 1846 et 1er septembre 1853, concernant les fosses d'aisances, les animaux élevés dans les habitations, les vacheries, les puits et puisards, l'éclairage par le gaz dans l'intérieur des habitations, le balayage et la propreté de la voie publique, et tous autres règlements intéressant la salubrité continueront de recevoir leur exécution dans celles de leurs dispositions qui ne sont pas contraires à la présente ordonnance.

Art. 8. — L'ordonnance de police précitée du 20 novembre 1848 est rapportée.

Ordonnance concernant les incendies

(Préfet de police 15 septembre 1875.)

Article Premier. — Toutes les cheminées et tous les autres foyers ou appareils de chauffage fixes ou mobiles, ainsi que leurs conduits ou tuyaux de fumée, doivent être établis et disposés de manière à éviter les dangers de feu et à pouvoir être visités, nettoyés facilement et entretenus en bon état.

Art. 2. — Il est interdit d'adosser les foyers de cheminées, les poêles, les fourneaux et autres appareils de chauffage à des pans de bois ou à des cloisons contenant du bois.

On doit toujours laisser entre le parement extérieur du mur entourant ces foyers et lesdits pans de bois ou cloisons un isolement ou une charge de plâtre d'au moins 0^m,16.

Les foyers industriels et ceux d'une importance majeure doivent avoir des isolements ou charges de plâtre proportionnés à la chaleur produite et suffisants pour éviter tout danger de feu.

Art. 3. — Les foyers de cheminées et de tous les appareils fixes de chauffage, sur plancher, en charpente de bois, doivent avoir au-dessous des trémies en matériaux incombustibles.

La longueur des trémies sera au moins égale à la largeur des cheminées, y compris la moitié de l'épaisseur des jambages ; leur largeur sera de 1 mètre au moins, à partir du foyer jusqu'au chevêtre.

Cette prescription s'applique également aux autres appareils de chauffage.

ART. 4. — Les fourneaux potagers doivent être disposés de telle sorte que les cendres qui en proviennent soient retenues par des cendriers fixes construits en matériaux incombustibles et ne puissent tomber sur les planchers.

Ces fourneaux doivent-être surmontés d'une hotte, si le conduit de fumée n'aboutit pas au foyer.

ART. 5. — Les poêles mobiles et autres appareils de chauffage également mobiles doivent être posés sur une plate-forme en matériaux incombustibles, dépassant d'au moins $0^m,20$ la face de l'ouverture du foyer. Ils doivent de plus être élevés sur pieds, de telle sorte que, au-dessus de la plate-forme, il y ait un vide de $0^m,08$ au moins.

ART. 6. — Les conduits de fumée faisant partie de la construction et traversant les habitations doivent être construits conformément aux lois, ordonnances et arrêtés en vigueur.

Toute face intérieure de ces tuyaux doit être à $0^m,16$ au moins des bois de charpente.

Quant aux conduits de fumée mobiles, en métal ou autres, existant dans le local où est le foyer, et aux conduits de fumée montant extérieurement, ils doivent être établis de façon à éviter tout danger de feu (art. 1er). Ils doivent être en outre, dans tout leur parcours, à $0^m,16$ au moins de tout bois de charpente, de menuiserie et autres.

Les conduits de chaleur des calorifères et autres foyers sont soumis aux mêmes conditions d'isolement que les conduits de fumée.

Art. 7. — Tout conduit de fumée traversant les
étages supérieurs ou les habitations doit avoir une section horizontale ou capacité suffisante pour l'importance
du foyer qu'il dessert.

Tout conduit de fumée de foyer industriel doit, autant
que possible, être à l'extérieur ; mais, dans le cas contraire, et si le tuyau traverse les habitations, il doit
avoir des dimensions telles ou être construit de telle
sorte que la chaleur produite ne puisse le détériorer ou
être la cause d'une incommodité grave et de nature à
altérer la santé dans les habitations.

Les conduits de fumée en fonte des restaurateurs,
traiteurs, rôtisseurs, charcutiers, et ceux des fours de
boulangers, pâtissiers et des autres grands fours, ceux
des forges, des moufles, des calorifères chauffant plusieurs pièces, doivent notamment être établis dans ces
conditions particulières.

Art. 8. — Il est formellement interdit de pratiquer
des ouvertures dans un conduit de fumée traversant un
étage pour y faire arriver de la fumée, des vapeurs ou
du gaz, ou même de l'air.

Art. 13. — Aucune couverture en chaume, jonc ou
autre matière inflammable, ne pourra être conservée ou
établie sans notre autorisation.

Art. 14. — Les fours, les forges et les foyers d'u-
sines à feu non compris dans la nomenclature des établissements classés, lesquels sont soumis à des règlements spéciaux, ne pourront être établis dans l'intérieur
de Paris sans une déclaration préalable à la préfecture
de police.

Le sol, le plafond et les parois des locaux où ils seront
construits ne pourront être en bois apparent.

ART. 15. — L'exploitation des fournils et fours de boulangers et de pâtissiers est soumise aux prescriptions suivantes :

1° Les fournils devront être indépendants des locations et habitations voisines et en être séparés par des murs en moellons ou en briques d'une épaisseur suffisante.

Les locaux où ils seront installés seront d'un accès facile ;

2° Les fours seront isolés de toutes constructions et leurs tuyaux disposés ou construits comme il est dit à l'article 7 ;

5° Les escaliers desservant les fournils seront en matériaux incombustibles ;

6° Les soupentes et resserres, et toutes autres constructions établies dans les fournils ainsi que les supports de pannetons, les étouffoirs et coffres à braise, seront aussi en matériaux incombustibles.

Du concierge

Le propriétaire étant civilement responsable des faits de son concierge, qui n'est que son proposé vis-à-vis des locataires, il est inutile d'indiquer quelles sont les obligations dont sont tenus les concierges et dont l'inexécution peut donner lieu à des demandes de dommages et intérêts.

Le concierge doit ouvrir la porte aux locataires qui se présentent à toute heure de jour et de nuit.

Il doit également laisser rentrer dans la cour toute voiture au service du locataire, et cela soit de jour, soit de nuit.

Le concierge doit toujours être poli envers tous les

locataires, de quelque rang qu'ils soient. S'il se montrait grossier et impoli, le locataire a le droit d'en demander le renvoi au propriétaire, et si, malgré la gravité du manque d'égards, le propriétaire maintenait son concierge en fonctions, le locataire pourrait demander la résiliation de son bail, et des dommages et intérêts s'il y avait lieu.

Le concierge doit monter et remettre au moins deux fois par jour les papiers et paquets adressés aux locataires. Il doit leur remettre de suite les actes qui leur sont signifiés.

Il doit également inscrire le nom des personnes qui viennent rendre visite aux locataires pendant l'absence de ces derniers.

Le concierge, lorsqu'il la connaît, doit donner, si elle lui est demandée, la nouvelle adresse du locataire récemment déménagé.

Le concierge ne doit jamais faire de location soit verbale, soit à bail, sans le consentement du propriétaire. De même, il n'a pas pouvoir de donner quittance des loyers pour le propriétaire.

Le concierge es personnellement responsable des contraventions aux ordonnances de police, concernant l'arrosage de la voie publique pendant l'été, au cassage des glaces et balayage des neiges pendant l'hiver.

Police intérieure de la propriété.
Usages et Coutumes

Les portes d'entrée des maisons doivent, par ordonnance de police être fermées après huit heures du soir. en hiver et dix heures en été.

En cas de contravention, le propriétaire est responsable sauf recours contre qui de droit, s'il n'habite pas sa maison, ou s'il y avait malveillance de la part d'un de ses locataires.

Pendant le jour, l'on peut tenir la porte d'entrée fermée, mais à lacharge de l'ouvrir pour l'entrée et la sortie des locataires et des voitures ; que ces voitures soient pour leurs besoins personnels ou ceux de leur industrie.

C'est du reste d'après le genre de location que l'on peut se fixer à ce sujet.

Les cours devront être balayées tous les jours avant dix heures. Elles devront être lavées à grande eau au moins une fois par semaine. Il n'y faut jamais rien laisser en dépôt. Il ne faut pas supporter que les locataires fassent descendre leurs chiens pour faire leurs ordures dans les cours ; c'est là une tolérance dont on ne peut fixer la limite. Les locataires peuvent faire décharger, scier et fendre leur bois dans les cours. La cour étant d'un usage commun, cette opération doit se faire aussi rapidemement que possible afin de ne pas troubler la jouissance des autres locataires.

S'il y a un puits dans la maison, le locataire a le droit d'y puiser l'eau nécessaire à ses besoins.

Il faut donc veiller à ce qu'il y ait suffisamment d'eau et ne soit jamais infecté.

S'il y a une fontaine ou les eaux de la Ville, il ne faut pas, parce qu'il n'y a aucune peine à l'obtenir, que le locataire en abuse, ou que, par malveillance, il laisse le robinet ouvert. Dans ce cas, pour faire cesser cet état de choses, le propriétaire peut en justice faire déterminer la quantité d'eau qu'il doit fournir à son locataire, en ayant soin de faire indiquer les heures pendant lesquelles ce dernier peut exercer ce droit.

Lorsqu'il n'en est pas fait mention dans le bail, chaque locataire peut introduire dans la maison chiens, chats, perroquets, et ce n'est que par le bruit, la malpropreté ou toute autre cause portant atteinte à la jouissance et au repos commun, que le propriétaire peut en demander l'expulsion et, s'il y a lieu, résiliation du bail.

Lorsque l'on veut placer des écriteaux pour faire connaître au public les maisons, appartements, chambres, magasins et autres objets à vendre ou à louer, il ne faut pas les suspendre au-devant des murs de face des maisons riveraines de la voie publique.

Ils devront être attachés et appliqués contre les murs.

Il est assez utile de mentionner sur cet écriteau le nombre de pièces à louer, en un mot mettre assez d'indications pour que le concierge ne soit dérangé qu'à bon escient.

Après leur prise de possession, les locataires industriels ou commerçants placent sur le mur de face des enseignes ou tableaux.

L'exercice du droit d'enseigne étant un de ceux qui soulèvent souvent des difficultés, il est prudent, en faisant le bail, d'indiquer quelles seront ces enseignes, leur nature, la surface qu'elles devront occuper.

Il est admis généralement que la surface extérieure des lieux loués pour le commerce ou l'industrie fait partie de cette même location et le locataire en a la jouissance, pour des enseignes ou inscriptions, en se conformant aux règlements de voirie.

Lorsque les fosses d'aisances sont des fosses fixes, il ne faut pas négliger de sonder de temps en temps pour s'assurer que les matières ne montent pas dans la cheminée d'extraction. A ce moment il faut prévenir l'entrepreneur de vidange, qui ne vient toujours que deux ou trois jours après.

Il faut avertir tous les locataires chaque fois que l'on fait vider les fosses d'aisances, car si ces derniers avaient des marchandises ou autres objets détériorés par le fait de la vidange, il faudrait leur en tenir compte. En agissant ainsi, ils n'auront plus qu'à s'en prendre à eux-mêmes, et s'ils ne prennent pas toutes les précautions nécessaires pour éviter les dommages, la responsabilité du propriétaire sera dégagée.

Les locataires qui ont une profession bruyante, continuent quelquefois leurs travaux le soir et par cela troublent la jouissance des autres locataires. Il faut leur rappeler qu'en vertu de l'ordonnance de police du 31 octobre 1829, tous entrepreneurs ou ouvriers exerçant des professions occasionnant un bruit assez considérable pour retentir hors des ateliers et troubler la tranquillité des habitants doivent interrompre chaque jour leurs travaux savoir : de neuf heures du soir à quatre heures du matin depuis le 1ᵉʳ avril jusqu'au 30 septembre, et de neuf heures du soir à cinq heures du matin depuis le 1ᵉʳ octobre jusqu'au 31 mars.

Une chose également importante, c'est la tolérance qu'ont les concierges de laisser les locataires placer toute sorte d'objets sur leurs croisées.

Il faut donc leur rappeler que, d'après les règlements de police, il est interdit de placer sur les appuis de croisées, sur la voie publique, des pots de fleurs, caisses ou garde-manger.

Le propriétaire et le locataire sont responsables des accidents qui pourraient arriver par la chute d'un de ces objets.

Le concierge devra donc veiller à ce que les locataires ne déposent aucun des objets ci-dessus sur leurs
croisées, et en cas de refus de les retirer, il devra en informer le commissaire de police.

Visite des lieux loués

Le locataire est tenu et sous peine de dommages-
intérêts pour le préjudice qu'il causera au bailleur de
laisser voir les lieux qu'il doit cesser d'occuper, six semaines avant sa sortie des lieux pour les loyers de 400 fr.
et au-dessous, trois mois pour les loyers au-dessus
de 400 francs et six mois pour une boutique ou maison en totalité.

Le refus du locataire de laisser visiter doit être constaté par huissier.

Lorsque la propriété est en vente, le locataire doit
également laisser visiter les lieux qu'il a loués par tous
ceux qui se présentent comme acquéreurs.

Tous les visiteurs devront toujours être accompagnés
par le concierge.

D'après l'usage, la visite des lieux se fait de dix
heures du matin à quatre heures du soir et le locataire
en cas d'absence, doit remettre sa clef au concierge.

Le propriétaire a également droit de visiter les lieux
loués pour se rendre compte soit des réparations à faire,
de leur urgence, soit constater s'il n'y a pas abus de
jouissance.

Réparations

Lorsque les réparations à faire dans la propriété ont
le caractère d'urgence, c'est-à-dire qu'elles ne peuvent
être différées jusqu'à l'expiration du bail des lieux loués,

le locataire est tenu de les subir pendant une durée de quarante jours, quoiqu'il soit par ce fait privé d'une partie de sa jouissance, et cela sans pouvoir demander ni dommages-intérêts, ni diminution du prix du loyer.

Si les travaux duraient plus de quarante jours, qui sont des jours de grâce accordés par la loi au propriétaire, ou que les travaux proviennent d'un vice de construction, ou qu'il put être prouvé que ces travaux auraient pu être faits avant la prise de possession des lieux, les tribunaux saisis de l'affaire apprécieront les dommages-intérêts et indemnités auxquels la location aurait droit en pareil cas.

CHAPITRE VI

Eaux de Paris

Règlement sur les abonnements, annexé au décret impérial du 2 octobre 1860.

Forme des abonnements.

ARTICLE PREMIER. — Les abonnements partent des 1ᵉʳ janvier, 1ᵉʳ avril, 1ᵉʳ juillet et 1ᵉʳ octobre de chaque année.

Leur durée est d'une année.

Mode de délivrance des eaux.

ART. 2. — Le mode de délivrance des eaux sera déterminé par la Compagnie selon les circonstances spéciales au service qu'il s'agira d'établir. Il aura lieu d'après un des systèmes suivants : 1° par écoulement déterminé, constant ou intermittent, régulier ou irrégulier, réglé par un robinet de jauge, dont les agents de la Compagnie auront seuls la clef. Dans ce mode de livraison, les eaux seront reçues dans un réservoir dont la hauteur sera indiquée par les agents de la Compagnie, et déversées par un robinet muni d'un flotteur; 2° par attachement; 3° par estimation et sans jaugeage. Ce mode de distribution n'est applicable d'une manière générale qu'aux eaux de l'Ourcq, et pour les autres eaux, il ne devra être exclusivement affecté qu'au service des appartements situés au-dessus des rez-de-chaussée; 4° Par compteurs.

Dans tous les cas, les usages auxquels les eaux seront consacrées étant indiqués par l'abonné, celui-ci ne pourra les employer à d'autres usages, ni consommer plus d'eau que le volume de son abonnement.

Résiliation.

ART. 3. — Les abonnés ne pourront renoncer à leur abonnement qu'en avertissant la Compagnie, par lettre adressée au directeur, qui en accusera réception, trois mois avant l'expiration du traité.

Quelle que soit l'époque de l'avertissement, le prix de l'abonnement sera exigible jusqu'à son expiration.

ART. 4. — L'abonnement ne sera pas résilié par le seul fait de la mutation de la propriété ou de l'établissment dans lequel les eaux seront fournies. L'abonné ou ses héritiers seront responsables du prix de l'abonnement, jusqu'à ce qu'ils aient accompli la formalité exigée par l'article 3, sans préjudice du recours contre le successeur qui aura joui des eaux.

Interruption des eaux.

ART. 5. — Les abonnés ne pourront réclamer aucune indemnité pour les interruptions momentanées du service résultant, soit des gelées, des sécheresses et des réparations des conduites, aqueducs ou réservoirs, soit du chômage des machines d'exploitation, soit de toutes autres causes analogues.

Dans le cas d'arrêt de l'eau, l'abonné doit prévenir immédiatement la Compagnie, dans un des bureaux établis pour cet usage et dans lesquels sont déposés des registres destinés à inscrire les réclamations.

Toute interruption de service dont la durée excéderait huit jours, à dater du jour où la réclamation de l'abonné aura été inscrite dans l'un des bureaux de la Compagnie, donnera droit, pour cet abonné, à une déduction dans le prix des abonnements proportionnelle à tout le temps d'interruption de service qui excédera huit jours.

Les cas de force majeure, étant en dehors de toute prévision, ne pourront ouvrir aucun recours en faveur de l'abonné.

Unité de l'abonnement.

ART. 6. — Chaque propriété particulière devra avoir un branchement séparé avec prise d'eau distincte sur la voie publique.

L'abonné ne pourra conduire tout ou partie de l'eau à laquelle il a droit dans une propriété qui lui appartiendrait que dans le cas où celle-ci serait adjacente à la première et aurait une cour commune.

Robinet d'arrêt.

ART. 7. — A l'origine de chaque embranchement sera placé, sur la voie publique, un robinet d'arrêt sous bouche à clef, dont les agents auront seuls la clef.

Les abonnés pourront faire placer à l'intérieur de leurs habitations un second robinet d'arrêt, à la condition que la clef dont ils feront usage sera différente de celle de la Compagnie.

Il est interdit aux abonnés, sous peine de poursuites judiciaires, de faire usage des clefs de la Compagnie, ou même de les conserver en dépôt.

Frais d'embranchement.

Art. 8. — Les travaux d'embranchement sur la conduite publique jusqu'au réservoir, dans le cas de distribution à la jauge, ou jusqu'à l'entrée de la maison, dans le cas du service à faire dans les appartements, seront exécutés et réparés, aux frais de l'abonné, par les ouvriers de la Compagnie et aux frais fixés par le tarif ci-après.

L'eau sera livrée aussitôt que le mémoire des travaux à la charge de l'abonné aura été soldé.

Les abonnés qui auront un réservoir dans l'intérieur de la propriété pourront faire faire les travaux de distribution intérieure, à partir du réservoir, par des ouvriers de leur choix; mais ces travaux seront toujours soumis à la surveillance des employés de la Compagnie.

Les travaux de pavage des trottoirs seront faits par les soins des ingénieurs du pavé de Paris, aux frais des abonnés, conformément aux arrêtés des 20 décembre 1843 et 18 décembre 1844.

Les abonnés ne pourront s'opposer aux travaux d'entretien et de réparation des tuyaux et robinet établis pour le service de leur abonnement, lorsqu'ils auront été reconnus nécessaires.

Dans le cas de contestations sur la nécessité de ces

travaux, la question sera résolue par l'ingénieur en chef du service municipal chargé du contrôle du service des eaux.

Les abonnés devront payer le prix de ces travaux, conformément au tarif susénoncé, à peine de fermeture immédiate de leur concession, sans préjudice du droit, pour la Compagnie, d'en exercer recours contre eux.

Responsabilité des abonnés.

Art. 9. — Les abonnés seront exclusivement responsables envers les tiers de tous les dommages auxquels l'établissement ou l'existence de leur conduite pourrait donner lieu.

Constatation des branchements.

Art. 10. — Lors de la mise en jouissance de chaque abonné, il sera dressé, contradictoirement entre l'abonné et la Compagnie, un état de lieux indiquant la nature, la disposition et le diamètre des conduites, ainsi que le nombre et l'emplacement des robinets et orifices d'écoulement.

Le même état fera connaître l'origine et la disposition de l'embranchement extérieur.

L'abonné ne pourra rien changer aux dispositions primitivement arrêtées, à moins d'en avoir préalablement obtenu l'autorisation de la Compagnie.

Interdiction de céder les eaux.

Art. 11. — Il est formellement interdit à tout abonné de laisser embrancher sur la conduite, soit à l'intérieur, soit à l'extérieur, aucune prise d'eau, au profit d'un tiers.

Il lui est également interdit de disposer gratuitement ou à prix d'argent, ou à quelque titre que ce soit, en faveur d'un tiers, de la totalité ou d'une partie des eaux qui lui sont fournies, ni même du trop-plein du réservoir.

Il ne pourra non plus augmenter, à son profit, le volume de son abonnement.

Toute contravention constatée aux dispositions du présent article entraînera l'obligation pour l'abonné de payer, à titre de dommages-intérêts, une indemnité de 1,000 francs.

A la fin de l'abonnement, les robinets d'arrêt et de jauge, faits sur le modèle de la Compagnie, seront rendus à l'abonné, après que la Compagnie aura changé la tête de ses robinets; il en sera de même en cas de remplacement d'un de ces robinets.

Surveillance.

Art. 12. — La distribution d'eau pratiquée dans l'intérieur des propriétés particulières sera constamment soumise à l'inspection des agents de la Compagnie de la Ville, sous peine de fermeture de la concession.

Art. 13. — Il est interdit aux abonnés et à tous leurs ayants droit de rémunérer, sous quelque dénomination que ce puisse être, aucun agent de l'administration.

Au delà de 20 mètres cubes, la Compagnie traite de gré à gré sans que, en aucun cas le prix du mètre cube puisse être inférieur pour les eaux de l'Ourcq à 25 fr., et à 55 fr. pour les eaux de Seine et autres.

(Il ne sera pas accordé d'abonnement inférieur à 1,000 litres pour les eaux de l'Ourcq, et 250 litres pour celles de la Seine, de sources et de puits artésiens.)

Art. 14. — Le prix annuel du mètre cube d'eau sera déterminé de la manière suivante :

QUANTITÉ DE LA fourniture journalière	PRIX PAR AN pour chaque mètre cube	
	EN EAU de l'Ourcq	EN EAU de Seine et autres
Deux cent cinquante litres, eaux de Seine, de sources ou de puits artésiens.	»	60 Fr.
Cinq cents litres, id	»	100 »
De un à cinq mètres cubes.	60 Fr.	120 »
Au-dessus de cinq mètres cubes et jusqu'à dix mètres cubes	50 »	100 »
Au-dessus de dix mètres cubes et jusqu'à vingt mètres cubes.	40 »	80 »

Au delà d'un mètre cube, il ne sera pas admis d'augmentation pour des quantités inférieures à un mètre cube.

L'abonné ne pourra réclamer de l'eau d'une origine autre que celle existante dans les conduites placées sous le sol de la voie publique où se trouve la propriété pour laquelle il contracte abonnement, et l'impossibilité, pour la Compagnie, de fournir de l'eau d'une nature déterminée ne pourra donner lieu à la modification des prix fixés ci-dessus.

Le tarif spécial pour l'abonnement aux eaux des lavoirs publics, fixé par l'arrêté du 18 décembre 1851, continuera à avoir son effet pour les établissements de cette catégorie d'abonnés et pour les quantités d'eau soumissionnées par eux antérieurement au 31 décembre 1839.

Pour tous les établissements de ce genre, créés à partir du 1er janvier 1860, ainsi que pour tous ceux existants qui augmenteront leur consommation, les prix seront, lors de la confection de la nouvelle police, fixés d'après les bases indiquées au premier paragraphe de cet article.

Payements

ART. 15. — Le prix de l'abonnement sera payé, sur la quittance de la Compagnie, d'avance, aux époques indiquées dans l'engagement du concessionnaire.

L'abonné pourra payer d'avance le montant de son abonnement, une année ou six mois en un seul payement.

A défaut de payement régulier aux époques de la manière ci-dessus indiquée, le service des eaux sera suspendu et l'abonnement pourra être résilié, sans préjudice des poursuites que la Compagnie pourra exercer contre l'abonné.

Frais d'exécution.

ART. 16. — Les frais de timbre et d'enregistrement des présentes seront supportés par les abonnés.

Contraventions.

ART. 17. — Les contraventions au présent règlement seront constatées par les agents de la Compagnie, qui en dresseront procès-verbal.

Dispositions transitoires.

ART. 18. — Les dispositions du présent règlement devront être appliquées à tous les abonnés compris dans l'enceinte de Paris, dans un délai maximum de deux ans, à dater du 1er janvier 1860.

Avis relatif à l'éclairage par le gaz et aux précautions à prendre dans son emploi

Annexé à l'ordonnance du 27 octobre 1855

Pour que l'emploi du gaz n'offre dans l'éclairage aucun inconvénient, il importe que les becs n'en laissent échapper aucune partie sans être brûlée.

Les lieux éclairés doivent être ventilés avec soin, même pendant l'interruption de l'éclairage, c'est-à-dire qu'il doit être pratiqué, dans la partie supérieure, quelques ouvertures par lesquelles le gaz puisse s'échapper au dehors, en cas de fuite ou de non-combustion.

Sans cette précaution, le gaz non brûlé s'accumule dans la pièce, et peut occasionner des asphyxies, des explosions et des incendies.

Les robinets doivent être graissés de temps à autre intérieurement, afin d'en faciliter le service.

Pour l'allumage, il est essentiel d'ouvrir d'abord le robinet extérieur dont la clef est entre les mains du consommateur; puis de présenter successivement la flamme à l'orifice de chaque bec au moment même où l'on ouvre le robinet particulier de ce bec, afin qu'aucune portion de gaz non brûlé ne puisse s'écouler.

Lors de l'extinction, il importe de commencer par fermer le robinet extérieur, dans le cas où il n'aurait pas été déjà fermé par l'agent de la Compagnie, et de fermer ensuite avec soin le robinet qui est adapté à chacun des becs d'éclairage. Si l'on négligeait de prendre cette dernière précaution, on s'exposerait à des accidents graves, dont il existe malheureusement de nombreux exemples.

Dès qu'une odeur de gaz donne lieu de penser qu'il

existe une fuite, il convient d'ouvrir les portes ou croisées pour établir un courant d'air, et de fermer le robinet général d'admission du gaz.

Il est nécessaire d'en donner avis simultanément au constructeur de l'appareil et à la Compagnie qui fournit le gaz, afin que la fuite soit réparée immédiatement.

Le consommateur doit bien se garder de rechercher lui-même les fuites par le flambage, c'est-à-dire en approchant une flamme du lieu présumé de la fuite. Les fabricants d'appareils ne doivent eux-mêmes rechercher les fuites par le flambage que dans les cas spécifiés à l'article 15 de l'ordonnance de police.

Dans le cas où, soit par imprudence, soit accidentellement, une fuite de gaz aurait été enflammée, il conviendra, pour l'éteindre, de poser dessus un linge imbibé d'eau.

Lorsqu'on exécute dans les rues des travaux d'égout, de pavage, de trottoirs ou de pose de conduite d'eau, les consommateurs au-devant desquels ces travaux s'exécutent feront bien de s'assurer que les embranchements qui leur fournissent le gaz ne sont point endommagés ni déplacés par ces travaux; et, dans le cas contraire, d'en donner connaissance à la Compagnie d'éclairage, et à l'administration.

Vu pour être annexé à l'ordonnance en date du 27 octobre 1855.

CONDITIONS DE L'ABONNEMENT A LA FOURNITURE DE GAZ
AU COMPTEUR.

(Extrait de la police d'abonnement de la Compagnie parisienne d'éclairage et de chauffage par le gaz.)

ARTICLE PREMIER. — La Compagnie fournit le gaz à Paris et dans les localités où il existe des conduits, à tout consommateur qui aura contracté un abonnement de trois mois au moins, et qui se sera d'ailleurs conformé aux dispositions des règlements concernant la pose des appareils ainsi qu'aux stipulations de la présente police.

Toutefois, la Compagnie ne délivre le gaz que lorsque l'abonné a justifié de l'autorisation de la préfecture de la Seine de faire usage des conduits et appareils intérieurs.

ART. 2. — L'embranchement, les travaux et fournitures relatifs à l'appareil intérieur et extérieur sont à la charge de l'abonné.

Le tuyau d'embranchement est posé et entretenu par la Compagnie et aux frais de l'abonné.

L'abonné, au moment de la signature de la police, est tenu de verser le montant estimatif de la valeur du branchement. Il pourra en faire régler la dépense par architecte, dans la forme ordinaire et dans un délai de trois mois à partir de l'achèvement des travaux. Passé ce délai, la somme restera acquise à la Compagnie.

L'entretien du branchement comprend, outre les travaux nécessités par la réparation des fuites et des avaries, le remplacement en cas de besoin, et des modifications de toute nature résultant des travaux de la voie qui nécessiteront des changements ou des réparations aux conduites et aux branchements. La Compagnie sera chargée de cet entretien moyennant 0 fr. 10 c. par mois.

Le robinet extérieur destiné à mettre le gaz en communication avec les appareils intérieurs sera également fourni et posé par la Compagnie aux frais de l'abonné. La Compagnie restera chargée de l'entretien et du remplacement, en cas de besoin, dudit robinet et de sa porte, moyennant 0 fr. 50 c. par mois.

Le graissage du robinet aura lieu une fois par mois au moins.

La Compagnie aura seule en sa possession la clef de la porte recouvrant ce robinet.

A l'expiration de l'abonnement, le tuyau extérieur d'embranchement sera coupé aux frais de la Compagnie.

Art. 3. — Le gaz sera livré au compteur.

En conséquence, l'abonné fera établir chez lui, et à ses frais, un compteur de son choix, et de l'un des systèmes approuvés par l'administration.

La pose et le plombage du compteur seront faits par la Compagnie, de même que la fourniture et le scellement de la plate-forme, et aux prix suivants, savoir :

de 3 à 30.	7 fr.	50
de 50 à 80.. . . .	11	50
de 100 à 150.. . .	17	»
au-dessus.	26	»

Pour un compteur.

Le compteur sera proportionné à la consommation maxima du gaz de l'abonné, tant pour l'éclairage que pour le chauffage et tous autres usages.

A l'entrée du compteur, il sera placé un robinet de sûreté, et à la sortie un robinet à trois eaux, afin de permettre l'effet de la canalisation intérieure avant l'autorisation d'en faire usage.

L'entretien du compteur pourra être fait par la Compagnie, aux prix mensuels indiqués par le tableau suivant, pour les abonnés qui le demanderaient; mais dans ce cas ils devront faire agréer leur compteur par la Compagnie.

ART. 4. — La Compagnie sera tenue de fournir en
location des compteurs d'un système de son choix, et
approuvés par l'administration, à tous ceux de ses
abonnés qui lui en demanderont.

CALIBRE du compteur	PRIX MENSUEL d'entretien		CALIBRE du compteur	PRIX MENSUEL d'entretien	
3 becs	0 Fr.	50	60 becs	1 Fr.	40
5 —	0 »	70	80 —	1 »	50
10 —	0 »	90	100 —	1 »	60
20 —	1 «	10	150 —	1 »	70
30 —	1 »	20	200 —	1 »	80
50 —	1 »	30	300 —	1 »	90

Le prix mensuel de location, fixé par le tableau ci-
après, sera exigible en même temps que le prix du
gaz.

CALIBRE du compteur	PRIX MENSUEL de location et d'entretien		CALIBRE du compteur	PRIX MENSUEL de location et d'entretien	
3 becs	1 Fr.	25	60 becs	5 Francs	
5 —	1 »	50	80 —	6 —	
10 —	1 »	75	100 —	7 —	
20 —	2 »	25	150 —	9 —	
30 —	2 »	75	200 —	12 —	
50 —	3 »	50	300 —	16 —	

Moyennant cette rétribution, la Compagnie restera
chargée de la pose, de l'entretien et des réparations du

compteur. Toutefois, elle ne garantit, dans aucun cas, les effets de la gelée.

Art. 7. — A partir du 1ᵉʳ janvier 1856, le prix du gaz livré au compteur est fixé à 21 centimes le mètre cube.

Art. 8. — Le prix de l'abonnement est payable par mois et d'avance au domicile où le gaz est livré ; en conséquence, il sera payé par l'abonné à la Compagnie une somme de 7 francs par brûleur existant sur ces appareils, comme représentant par approximation le prix du gaz consommé par un bec brûlant pendant un mois à des extinctions diverses.

La somme payée d'avance sera remboursée par la Compagnie à l'abonné, à l'expiration de l'abonnement, sous déduction de la valeur du gaz fourni par elle et autres frais qui n'auraient pas été soldés.

RÈGLEMENT CONCERNANT LES CONDUITES ET APPAREILS D'ÉCLAIRAGE ET DE CHAUFFAGE PAR LE GAZ DANS L'INTÉRIEUR DES BATIMENTS ET HABITATIONS

(Extrait des arrêtés des 18 février 1862 et 2 avril 1868.)

Nul ne pourra établir dans Paris, à l'intérieur des bâtiments et habitations, un ou plusieurs appareils destinés à l'éclairage ou au chauffage par le gaz, ni faire usage d'appareils déjà installés, en augmenter ou modifier notablement la forme ou les dimensions, sans en avoir, au préalable, demandé et obtenu l'autorisation du préfet de la Seine. La demande, signée de la personne intéressée, devra, s'il s'agit de travaux à effectuer, indiquer le nom et la demeure de l'appareilleur qui en sera chargé.

La permission sera délivrée au nom du signataire de
la demande; celui-ci devra, en cas de cession des lieux
où le gaz sera employé, informer l'administration du
nom de son successeur.

CONDITIONS DE DÉLIVRANCE DE L'AUTORISATION

(Ibid. art. 2.)

Aucun appareil ne pourra être mis en service avant
la délivrance d'une autorisation écrite du préfet de
la Seine ou de son délégué; toutefois, si la demande ne
s'applique qu'à l'usage du gaz avec des appareils déjà
installés et vérifiés, un cas de réception de cette demande tiendra lieu d'autorisation. Dans les autres cas,
l'autorisation ne sera accordée qu'après la réception
définitive des travaux par les agents du service municipal, après l'accomplissement des formalités qui seront
énumérées ci-après.

SURVEILLANCE ET RÉCEPTION DES TRAVAUX

(Ibid. art. 3.)

L'exécution des travaux sera soumise à la surveillance des agents de l'administration qui donneront, s'il
en est besoin, au pétionnaire et à son appareilleur,
les indications nécessaires pour que les ouvrages soit
mis en état de réception.

Dès que les travaux seront terminés, et trois jours
au moins avant qu'il ne soit fait usage du gaz, le consommateur ou son appareilleur devra en faire parvenir
l'avis au bureau de l'éclairage de l'arrondissement où
ces travaux ont été entrepris, pour qu'il puisse être procédé à la réception des appareils.

Le pétitionnaire et son appareilleur seront prévenus, vingt-quatre heures au moins à l'avance, du jour et de l'heure de la visite de l'agent du service de l'éclairage, chargé de la réception.

Cet agent visitera d'abord la canalisation et les appareils, afin de reconnaître s'ils sont établis conformément aux dispositions du présent arrêté; il s'assurera ensuite qu'aucune fuite n'existe; cette dernière vérification sera faite au moyen du compteur, sur lequel aura été adapté un manomètre; le tout aux frais de l'appareilleur.

Dans le cas où l'agent aura constaté que les appareils et la canalisation satisfont aux conditions réglementaires, et que le manomètre ne révèle aucune fuite, il délivrera immédiatement une permission provisoire d'éclairage qui sera valable pour quinze jours, et il pourra être fait, sans nouveau délai, usage du gaz.

Lorsqu'il existera des fuites peu importantes, mais que les conduites et appareils, sans satisfaire, cependant, à toutes les conditions règlementaires, ne présenteront pas de danger pour l'emploi momentané du gaz, il pourra être délivré, par l'inspecteur principal de l'éclairage, une permission de tolérance d'une durée égale à celle qui sera nécessaire pour mettre en état les conduites et appareils. A l'expiration du délai accordé, une nouvelle visite sera faite à la diligence du consommateur, pour procéder, s'il y a lieu, à la réception définitive.

S'il existe, enfin, des fuites importantes et des défectuosités dangereuses dans les conduites ou appareils, il sera sursis à la délivrance de toute permission, et l'agent dressera procès-verbal de sa visite.

Le consommateur et l'appareilleur seront mis en demeure de signer ce procès-verbal et d'y ajouter les observations qu'ils jugeraient à propos de présenter.

Il sera statué par l'administration qui, le cas échéant, fera connaître au pétitionnaire les travaux qu'il devra faire exécuter, afin de rendre possible la réception des appareils installés.

Après l'achèvement des travaux requis, il sera procédé, s'il y a lieu, à la réception dans les formes ci-dessus indiquées.

DÉFENSE AUX COMPAGNIES DE LIVRER DU GAZ DONT L'EMPLOI N'EST PAS AUTORISÉ

(Arrêté du 8 février 1862, art. 3.)

Les compagnies d'éclairage et de chauffage par le gaz ne pourront délivrer du gaz à la consommation que sur la présentation qui leur sera faite de l'autorisation prescrite.

POSE DES BRANCHEMENTS ET ROBINETS

(Ibid. art. 4.)

Aucun branchement ne pourra être établi sur une des conduites que la Compagnie parisienne d'éclairage et de chauffage par le gaz est autorisée à poser sur la voie publique sans une autorisation spéciale. Les robinets des branchements devront être placés dans les soubassements des maisons ou boutiques, ou dans l'épaisseur des murs.

Les robinets existants sous la voie publique seront supprimés aux frais de qui de droit, au fur et à mesure de la réfection des trottoirs et du pavé.

ROBINET EXTÉRIEUR

(Arrêté du 2 avril 1868 art. 4.)

Le robinet extérieur de tout branchement sera placé à l'entrée du bâtiment dans l'épaisseur du mur, et renfermé dans un coffre disposé de telle sorte que le gaz qui s'y introduirait ne puisse s'échapper qu'en dehors du bâtiment. Ce coffre sera fermé par une porte en métal, dont les agents du service de l'éclairage des compagnies auront seuls la clef. Cette porte sera pourvue d'un appendice disposé de telle sorte que le consommateur ne puisse pas ouvrir le robinet pour faire circuler le gaz sans l'action préalable des Compagnies, mais de manière, cependant, à ce qu'il lui soit possible d'user du gaz à volonté ou d'en arrêter l'introduction dès qu'il aura été mis à sa disposition par les compagnies ; celles-ci lui remettront une clef à cet effet.

Un signe extérieur, placé sur le coffret, indiquera d'ailleurs si les compagnies ont livré le gaz venant de leurs conduites.

ROBINET PRINCIPAL

(Ibid. art. b.)

Un robinet principal sera établi intérieurement à l'origine de la distribution, pour donner aux consommateurs du gaz la faculté d'intercepter l'introduction du gaz dans les appareils de distribution, malgré l'ouverture du robinet extérieur.

COMPTEURS

(Ibid. art. 6.)

Les compteurs qui mesurent la consommation du gaz devront être conformes aux modèles approuvés par l'administration. Avant qu'ils ne soient mis en service, l'exactitude de leur débit sera vérifiée par les agents de l'administration, qui apposeront un poinçon destiné à constater le résultat favorable de la vérification.

Les compteurs seront, d'ailleurs, toujours placés dans des lieux d'accès facile et parfaitement aérés.

TUYAUX DE DISTRIBUTION ET DE CONSOMMATION

(*Ibid. art.* 7.)

Les tuyaux de conduite et les autres appareils servant à la distribution et à la consommation du gaz doivent rester apparents, sauf les exceptions relatives à la traversée des plafonds, planchers, murs, pans de bois, cloisons, placards, espaces, vides intérieurs quelconques.

Toutes les fois que les tuyaux seront ainsi dissimulés, ils devront être placés dans un manchon continu, en fer forgé ou en cuivre. Ce manchon sera ouvert à ses deux extrémités, et dépassera d'un centimètre, au moins, les parements des murs, cloisons, planchers, etc., dans lesquels il sera encastré. Le diamètre intérieur de ce manchon aura au moins, un centimètre de plus que celui du tuyau qu'il enveloppera.

Le manchon pourra, toutefois, être supprimé :

1° Dans les murs en pierre de taille, lorsque le tuyau ne traversera des murs ou cloisons que sur une longueur de moins de 0^{m},20 ;

2° Derrière les glaces, panneaux, etc., pourvu qu'il existe entre les murs et les panneaux un espace libre suffisant pour l'aération.

Si un tuyau est placé suivant son axe, dans un mur, une cloison, un plafond, un parquet ou un plancher, le manchon du tuyau devra être terminé par un appareil à cuvette, assurant la ventilation de l'espace libre entre le tuyau et son manchon.

L'appareil de ventilation pourra comporter, soit un tuyau droit enfermé dans le manchon, soit un tuyau courbé, mais, dans ce cas, le diamètre extérieur de l'ouverture de la boîte de ventilation devra avoir, au moins $0^m,07$ et sa profondeur ne pourra dépasser les deux tiers de ce diamètre. La partie courbe du tuyau devra avoir au moins $0^m,10$ de rayon et le centre de cette courbe devra se trouver sur le plat passant par le fond de la cuvette, parallèlement au plafond.

Le raccord soutenant l'appareil à gaz devra être vissé à la cuvette et non fondu avec elle.

Les tuyaux de conduite et de distribution devront être construits en métal de bonne qualité, autre que le zinc, et parfaitement ajustés.

BRULEURS

(*Ibid.* art 8.)

Chaque brûleur devra être muni d'un robinet d'arrêt dont les canillons seront disposés de manière à ne pouvoir être enlevés de leurs boisseaux, même par un violent effort.

Un taquet sera placé de manière à arrêter le canillon dans une position verticale lorsque le robinet sera fermé.

VENTILATION DES PIÉCES ÉCLAIRÉES AU GAZ

(*Ibid.* art. 9.)

La ventilation ne sera pas obligatoire dans les salons, salles à manger, salles de billard, chambres à coucher de maîtres, ni dans les appartements munis de cheminées d'appel spéciales, prenant l'air à la partie supé-

rieure des pièces à ventiler et débouchant au-dessus de
la toiture. Mais cette exception ne s'étendra pas aux
arrière-boutiques, soupentes, entresol et sous-sols, en
communication directe et permanente avec les boutiques,
magasins, bureaux ou ateliers.

VENTILATION DES GRANDES SALLES ET ATELIERS

(Ibid. art. 10.)

L'Administration, après avoir entendu les intéressés,
déterminera, dans chaque cas, le mode de ventilation à
adopter pour les pièces, salles ou ateliers, occupant un
espace de plus de 1,000 mètres cubes, et tenant compte
de la disposition des lieux, de l'importance de la consommation du gaz et des moyens de ventilation existant
déjà pour d'autres besoins que ceux de l'éclairage.

MODE DE VENTILATION DES SAILLIES LUMINEUSES ET FERMÉES

(Ibid. art. 11, et arrêté du 18 février 1862, art. 13.)

Les montres, placards et autres espaces fermés, contenant des brûleurs ou traversés par des conduites et
des caissons renfermant les compteurs, lorsqu'il en est
établi, devront être ventilés par deux ouvertures de 30
centimètres carrés au moins chacune.

Ces ouvertures seront placées, l'une dans la partie
haute, l'autre dans la partie basse du local à ventiler et
devront communiquer, autant que possible, l'une avec
l'intérieur, l'autre avec l'extérieur des locaux éclairés.

Dans le cas où cette dernière disposition serait imprati-
cable et où les deux ouvertures seraient établies à l'intérieur, la superficie de chacune devra être portée à un
décimètre carré.

VISITE DES INSTALLATIONS

(Ibid, art. 12.)

L'Administration fera visiter les installations de gaz par ses agents chaque fois qu'elle le jugera convenable.

Dans leurs visites, ces agents s'assureront du bon état de toutes les parties des appareils et des conduites, et constateront, au moyen de manomètres adaptés, s'il n'y a pas de fuite.

En cas de contravention et sur le vu du procès-verbal dressé par ses agents, l'Administration fera, au besoin, suspendre l'emploi du gaz et prescrira les mesures nécessaires pour arrêter les fuites et réparer les conduites ou appareils.

La recherche des fuites par le flambage est formellement interdite, même en plein air ou dans des lieux parfaitement ventilés.

MESURES PARTICULIÈRES AUX LIEUX DE RÉUNIONS PUBLIQUES

(Ibid. art. 13.)

Les directeurs de théâtre et autres établissements faisant usage de compteurs de 100 becs et au-dessus seront tenus de s'assurer journellement, avant l'allumage, de l'état de leurs appareils d'éclairage; le résultat constaté sera inscrit, chaque jour, sur un registre qui devra être présenté à toute réquisition des agents de l'éclairage. Si des fuites sont révélées, elles seront aussitôt recherchées et étanchées.

DISPOSITIONS A PRENDRE POUR L'EMPLOI DU GAZ COMME FORCE MOTRICE

(Arrêté du 18 février 1862, art. 18.)

Toute personne voulant employer du gaz pour mettre des machines en mouvement, ou voulant en faire usage d'une manière intermittente, devra isoler ses prises de gaz de la canalisation de la rue par un régulateur gazométrique dont les dimensions seront déterminées par l'Administration.

AVIS A DONNER PAR LES COMPAGNIES EN CAS D'ACCIDENT

(Arrêté du 18 février 1862, art. 19.)

La Compagnie qui aura reçu avis d'un accident sera tenue d'envoyer immédiatement sur les lieux et d'en informer aussitôt le directeur de la voie publique et des promenades.

REMISE AUX ABONNÉS DES RÈGLEMENTS ET INSTRUCTIONS

(Arrêté du 2 février 1862, art. 20.)

Un exemplaire du présent arrêté et des instructions relatives aux précautions à prendre pour l'emploi du gaz sera délivré aux abonnés, en même temps que leur police d'abonnement, par les soins des Compagnies.

RÉPRESSION DES CONTRAVENTIONS

(Arrêté du 2 avril 1868, art. 14.)

Les contraventions aux dispositions du présent arrêté seront constatées par des procès-verbaux qui seront déférés aux tribunaux compétents, sans préjudice des mesures administratives auxquelles ces contraventions pourront donner lieu, notamment la suppression des branchements particuliers, lesquels, dans ce cas, ne seront rétablis que sur une autorisation nouvelle.

Les poursuites pour infraction aux dispositions précédentes seront dirigées, à défaut de la déclaration prescrite par le paragraphe 2 de l'article 1er, contre ceux qui auront formé la demande ou obtenu l'autorisation exigée par le même article, nonobstant tout changement de propriétaire ou locataire.

Règlement sur les nivellements dans Paris

(Arrêté préfectoral du 31 mai 1856.)

ARTICLE PREMIER. — A l'avenir, les nivellements pour tous les travaux publics et privés dépendant de la préfecture de la Seine seront rapportés au niveau moyen de la mer ; en conséquence, les cotes de nivellement exprimeront la distance ou ordonnée de chaque point considéré à ce niveau, pris pour zéro.

La vérification sera rapportée à des repères de fonte, aux armes de la Ville, placés aux carrefours, aux angles des rues, sur les soubassements des monuments, sur les murs des quais et sur les autres points jugés nécessaires ; ces repères indiqueront les ordonnées de comparaison, savoir : la cote relative au niveau de la mer, et deux autres cotes se rapportant : l'une, au zéro du pont de la Tournelle ; l'autre, au plan de comparaison passant à 50 mètres au-dessus du niveau légal des eaux du bassin de la Villette.

ART. 2. — Les projets de premier pavage des rues

anciennes ou nouvelles devront toujours être accompagnés de plans et profils de nivellements, avec cotes indiquant les ordonnées du sol actuel et celles du sol futur. Il en sera de même des projets de remaniement de pavages anciens pour l'amélioration des pentes. Les nivellements, pour les constructions particulières seront déterminés conformément à ces projets dûment approuvés.

Art. 3. — Les propriétaires, les architectes et les entrepreneurs qui voudront bâtir dans les rues non pavées devront, avant de poser les seuils des portes, et sous peine d'une amende de 50 francs prononcée par les lettres patentes de 1725, ci-dessus visées, demander l'indication du nivellement de la voie publique.

Art. 4. — Ceux qui bâtiront dans des rues pavées, mais dont les pentes mal réglées seraient susceptibles d'améliorations, sont invités à demander pareillement ce nivellement et à disposer leurs constructions nouvelles en vue de ces améliorations ultérieures.

Art. 5. — Toute construction nouvelle, dans une rue pourvue d'égoût, doit être disposée de manière à y conduire les eaux pluviales et ménagères, ainsi que toute maison ancienne, en cas de grosses réparations.

Les ingénieurs des divers services ressortissant à la préfecture de la Seine sont chargés, chacun en ce qui le concerne, d'assurer l'exécution du présent règlement.

Loi sur l'expropriation pour cause d'utilité publique

(3 mai 1841.)

Article premier. — L'expropriation pour cause d'utilité publique s'opère par autorité de justice.

Art. 2. — Les tribunaux ne peuvent prononcer l'expropriation qu'autant que l'utilité en a été constatée et déclarée dans les formes prescriptes par la loi.

Art. 4. — Les ingénieurs ou autres gens de l'art chargés de l'exécution des travaux lèvent, pour la partie qui s'étend sur chaque commune, le plan parcellaire des terrains ou des édifices dont la cession leur paraît nécessaire.

Art. 14. — Dans les trois jours, et sur la production des pièces constatant que les formalités prescrites par l'article 2 ont été remplies, le procureur du roi requiert et le tribunal prononce l'expropriation pour cause d'utilité publique des terrains ou bâtiments indiqués dans l'arrêté du préfet.

Si, dans l'année de l'arrêté du préfet, l'Administration n'a pas poursuivi l'expropriation, tout propriétaire dont les terrains sont compris audit arrêté peut présenter requête au tribunal. Cette requête sera communiquée par le procureur du roi au préfet, qui devra, dans le plus bref délai, envoyer les pièces, et le tribunal statuera dans les trois jours.

Dans le cas où les propriétaires à exproprier consentiraient à la cession, mais où il n'y aurait point accord sur le prix, le tribunal donnera acte du consentement et désignera le magistrat directeur du jury, sans qu'il soit besoin de rendre le jugement d'expropriation, ni de s'assurer que les formalités prescrites par le titre II ont été remplies.

Art. 20. — Le jugement ne pourra être attaqué que par la voie du recours en cassation, et seulement pour incompétence, excès de pouvoir ou vices de forme.

Art. 21. — Dans la huitaine qui suit la notification

prescrite, le propriétaire est tenu d'appeler et de faire connaître à l'Administration les fermiers, locataires, ceux qui ont des droits d'usufruit, d'habitation ou d'usages, tels qu'ils sont réglés par le Code civil, et ceux qui peuvent réclamer des servitudes résultant des titres mêmes du propriétaire ou d'autres actes dans lesquels il serait intervenu, sinon il restera seul chargé envers eux des indemnités que ces derniers pourront réclamer.

Les autres intéressés seront en demeure de faire valoir leurs droits et tenus de se faire connaître à l'Administration, dans le même délai de huitaine, à défaut de quoi ils seront déchus de tous droits à l'indemnité.

Art. 22. — Les dispositions de la présente loi relatives aux propriétaires et à leurs créanciers sont applicables à l'usufruitier et à ses créanciers.

Art. 23. — L'Administration notifie aux propriétaires et à tous autres intéressés qui auront été désignés ou qui seront intervenus dans le délai fixé par l'article 21 les sommes qu'elle offre pour indemnités.

Ces offres seront, en outre, affichées et publiées.

Art. 28. — Si les offres de l'Administration ne sont pas acceptées dans les délais prescrits, l'Administration citera devant le jury, qui sera convoqué à cet effet, les propriétaires et tous autres intéressés au règlement des indemnités qui auront été désignés ou qui seront intervenus, pour qu'il soit procédé au règlement des indemnités, de la manière indiquée au chapitre suivant. La citation contiendra l'énonciation des offres qui auront été refusées.

Art. 37. — Le magistrat directeur met sous les yeux du jury :

1° Le tableau des offres et demandes notifiées;

2° Les plans parcellaires et les titres ou autres documents produits par les parties à l'appui de leurs offres et demandes.

Les parties ou leurs fondés de pouvoir peuvent présenter sommairement leurs observations.

Le jury pourra entendre toutes les personnes qu'il croira pouvoir l'éclairer.

Il pourra également se transporter sur les lieux, où déléguer, à cet effet, un ou plusieurs de ses membres.

La discussion est publique; elle peut être continuée à une autre séance.

Art. 39. — Le jury prononce des indemnités distinctes en faveur des parties qui les réclament à des titres différents, comme propriétaires, fermiers, locataires, usagers et autres intéressés dont il est parlé à l'art. 21.

Lorsqu'il y a litige sur le fond de droit ou sur la qualité des réclamants, et toutes les fois qu'il s'élève des difficultés étrangères à la fixation du montant de l'indemnité, le jury règle l'indemnité indépendamment de ces litiges et difficultés sur lesquels les parties sont renvoyées à se pourvoir devant qui de droit.

L'indemnité allouée par le jury ne peut, dans aucun cas, être inférieure aux offres de l'Administration, ni supérieure à la demande de la partie intéressée.

Art. 40. — Si l'indemnité réglée par le jury ne dépasse pas l'offre de l'Administration, les parties qui l'auront refusée seront condamnées aux dépens.

Si l'indemnité est égale à la demande des parties, l'Administration sera condamnée aux dépens.

Si l'indemnité est à la fois supérieure à l'offre de l'Administration et inférieure à la demande des parties, les dépens seront compensés de manière à être supportés par les parties et l'Administration, dans les proportions de leur offre ou de leur demande avec la décision du jury.

Art. 50. — Les bâtiments dont il est nécessaire d'acquérir une portion pour cause d'utilité publique seront achetés en entier; si les propriétaires le requièrent par une déclaration formelle adressée au magistrat directeur du jury dans les délais prescrits.

Il en sera de même de toute parcelle de terrain qui, par suite du morcellement, se trouvera réduite au quart de la contenance totale, si toutefois le propriétaire ne possède aucun terrain immédiatement contigu, et si la parcelle ainsi réduite est inférieure à dix ares.

Art. 51. — Si l'exécution des travaux doit procurer une augmentation de valeur immédiate et spéciale au restant de la propriété, cette augmentation sera prise en considération dans l'évaluation du montant de l'indemnité.

Art. 52. — Les constructions, plantations et améliorations ne donneront lieu à aucune indemnité, lorsque à raison de l'époque où elles auront été faites, ou de toutes autres circonstances dont l'appréciation lui est abandonnée, le jury acquiert la conviction qu'elles ont été faites dans la vue d'obtenir une indemnité plus élevée.

Art. 53. — Les indemnités réglées par le jury, seront préalablement à la prise de possession, acquittées entre les mains des ayants droit.

S'ils se refusent à les recevoir, la prise de possession aura lieu après offres réelles et consignation.

Art. 60. — Si les terrains acquis pour des travaux d'utilité publique ne reçoivent pas cette destination, les anciens propriétaires ou leurs ayants droit peuvent en demander la remise.

Le prix des terrains rétrocédés est fixé à l'amiable, et s'il n'y a pas accord, par le jury, dans les formes ci-dessus prescrites. La fixation par le jury ne peut, en aucun cas, excéder la somme moyennant laquelle les terrains ont été acquis.

ART. 63. — Les concessionnaires des travaux publics exerceront tous les droits conférés à l'Administration, et seront soumis à toutes les obligations qui lui sont imposées par la présente loi.

Cours de la propriété foncière en 1878

TERRAINS

DATE de la vente	DÉSIGNATION	PRIX du mètre	
19 février. .	Terrain rue des Pyramides et rue d'Argenteuil..	606	»
—	Terrain rue des Pyramides et rue d'Argenteuil. Lot près l'avenue de l'Opéra . . .	929	»
—	Terrain rue d'Argenteuil..	520	»
—	—	465	»
2 avril. . .	Terrain rue Molière, n° 23.	496	»
1er avril.. .	Terrain rue Sainte-Anne, à l'angle de la rue du Hasard.	700	»
2 avril. . .	Terrain rue du Mont-Thabor.	300	»
—	Terrain rue du Mont-Thabor, à l'angle de la rue de Luxembourg.	400	»
—	Terrain rue de Rivoli (ancien ministère). .	500	»
24 juillet. .	Térrain rue du Temple, 197.	736	»
23 avril.. .	Quai d'Orléans et rue Dubellay.	167	50
12 mars . .	Boulevard Henri IV, près de la caserne . .	300	»
—	Boulevard Henri IV, à l'angle de la rue de la Cerisaie.	293	50
27 avril. . .	Boulevard Saint-Marcel.	110	»
25 mai. . .	Rue Nicolle, 9.	60	»
15 janvier .	Boulevard Saint-Germain.	517	50
22 janvier .	Angle rues Thoullier et Saint-Thomas. . .	100	»
19 février .	Boulevard Saint-Germain.	316	»
21 février .	Rue Monge, 47.	144	»
8 janvier. .	Boulevard Saint-Marcel, 37..	37	»
—	Rue des Feuillantines, 23, 25, 27 et 29. .	49	»
6 avril. . .	Rue Monge.	80	»
8 avril. . .	Rue des Saints-Pères, 76, 76 bis.	294	»
20 mai. . .	Rue Bérite (dans l'axe de la rue Gerbillon).	100	»
—	Rue Bérite (dans l'axe de la rue Gerbillon).	100	»
16 avril.. .	Boulevard Saint-Germain	290	»
—	— (près la rue Saint-Benoit. . . .	281	»
8 juin . . .	Boulevard Saint-Germain (angle de la rue Montfaucon.	510	»
19 février .	Boulevard Saint-Germain, entre la rue de l'Ancienne-Comédie et la place Gozlin .	310	»
Avril. . . .	Boulevard Saint-Germain, 124.	419	»
Avril. . . .	Boulevard Saint-Germain, angle du boulevard d'Enfer.	607	»
—	Boulevard d'Enfer, près le boulevard Saint-Germain..	536	»
Mai	Boulevard Saint-Germain, angle de la rue Saint-Guillaume..	641	»

DATE de la vente	DÉSIGNATION	PRIX du mètre	
Avril. . . .	Rue Saint-Guillaume, près le boulevard Saint-Germain	283	»
Janvier. . .	Rue du Bac, 62	1072	»
Mars. . . .	Avenue Rapp et rue St-Dominique, 3e lot .	55	»
Janvier. . .	Avenue Duquesne	60	»
Mars. . . .	Rue Saint-Dominique et avenue Rapp, 1er		
Avril. . . .	et 2e lot.	48	»
	Avenue d'Antin, 30.	560	»
Mai	Rue Berryer, 2.	443	»
Avril. . . .	Rues de Lisbonne et de Rembrandt (angle).	350	»
—	Rues de Monceaux et de Rembrandt (angle).	350	»
Mai	Avenue d'Antin (angle de la r. du Colysée).	510	»
—	Rue de Lisbonne, 72.	400	»
Juin. . . .	Rue de Rome, 57.	240	»
Novembre. .	Avenue Friedland, 32.	374	»
Février. . .	Rue Portalis, 5.	215	»
—	Rue de Morny, 102.	100	»
Mars. . . .	Avenue d'Antin, 55.	463	»
—	Rue Blanche, 61.	185	»
—	Rue Rochambeau, 6.	235	»
Mars. . . .	Passage de l'Industrie, 19.	171	»
Février. . .	Passage Parmentier, 1.	146	»
Avril. . . .	Rue des Vignolles, 66.	14	»
Juin. . . .	Avenue des Amandiers, 14.	29	»
Août. . . .	Boulevard Voltaire, 212 et rue Titon. . .	21	»
—	—	18	»
Mars. . . .	Cité Dupont, 19.	40	»
Février. . .	Rue de la Roquette, 159.	90	»
—	Boulevard de Reuilly, 19.	67	»
Mai	Avenue Daumesnil (près la rue de Reuilly).	38	»
Mai	Rue Daumesnil, 156.	40	»
Août. . . .	Impasse Crozatier, 5 et 7.	37	»
Janvier. . .	Rue de Bercy, 44.	217	»
—	Avenue Daumesnil (angle de la rue de Reuilly).	29	»
Mai	Rue Clisson, 32.	15	»
—	Rue Clisson, 36.	15	»
Mars. . . .	Quai d'Austerlitz, 15 et 17.	339	»
Avril. . . .	Rue Cimarosa, 11.	53	»
—	Rue Fortuny, 38.	130	»
Mars. . . .	Avenue Joséphine, 63.	55	»
Avril. . . .	Rue Keppeler, 7.	120	»
—	Rue de Villejust, 21.	71	»
—	Rue de l'Assomption, 12.	60	»
Juillet.. . .	Rue des Fontis, 6.	21	»
Février. . .	Quai d'Auteuil, 168.	19	»
Avril. . . .	Rue Fortuny, 26.	135	»
—	Rue Marcadet, 169.	26	»
Mars. . . .	Boulevard Malesherbes, 137.	173	»

DATE de la vente	DÉSIGNATION	PRIX du mètre	
Avril. . . .	Place Malesherbes et rue Prony (entre la) .	80	»
—	Rue Ampère, 67..	110	»
—	Rue Boulay, 17..	60	»
—	Boulevard de Courcelles, 62.	209	»
Décembre. .	Rue Legendre, 180.	12	»
—	Rue de l'Ecluse, 14.	5	»
Mars. . . .	Rue Truffault, 6.	11	»
Février. . .	Rue Laugier, 46.	36	»
—	Avenue de Wagram, 135	80	»
Mars. . . .	Boulevard de Courcelles, 38 et 40.	288	»
—	Boulevard de Courcelles, 62, 66, 68, et rue Prony.		
Février. . .	Rue de Courcelles, 182.	95	»
Avril. . . .	Rue Clignancourt, près la rue Custine. . .	43	»
—	Rue Doudeauville, 20 et 22.	70	»
Octobre. . .	Rue Garrault, 17.	27	»
Avril. . . .	Place du Danube, rues David, d'Angers et de Mexico.	43	»
Décembre. .	Entre la rue de Crimée et le chemin de fer de ceinture.	47	»
Avril. . . .	Rue Croix-Saint-Simon, 57.	6	»
Mars. . . .	Rue des Partants, 82.	6	»
Mars. . . .	Rue des Prairies, 152.	15	»
—	Rue des Rigoles, 59.	17	»
Mai.	Passage Piat, 21.	9	»
Février. . .	Rue des Partants, 142.	26	»
Mars. . . .	Villa de l'Ermitage, 6.	7	»
Décembre. .	Rue Haxo, 97	6	50

IMMEUBLES

DATE de la vente	DÉSIGNATION	SURFACE totale	MONTANT de l'adjudication	
Décembre. .	Propriété rue Molière, 15. . . .	450	»	290.000
Février. . .	Maison rue du Marché-Saint-Honoré, 7.	273	»	290.000
Novembre. .	Maison de rapport, passage Choiseul, 17.	30 33		32.000
Décembre. .	Propriété rue Grenier-Saint-Lazare, 25.	95	»	53.000
Novembre. .	Maison de rapport, 15, 17, rue François-Miron	350	»	170.300

DATE de la vente	DÉSIGNATION	SURFACE totale		MONTANT de l'adjudication
Décembre..	Propriété rue du Pont-Louis-Philippe', 21..........	89	»	43.000
Mars....	Propriété rue du Petit-Musc, 35.	173	»	48.000
Décembre..	Maison rue Saint-Jacques, 117, 1er lot...........	1456	»	203.000
—	Maison rue des Fossés-Saint-Jacques, 16, 16 bis et 18....	1500	»	140.000
Février...	Propriété rue des Fossés-St-Jacques, 6..........	420	»	60.050
Mars....	Propriété boulevard Saint-Jacques, 17..........	4839	»	60.000
Novembre..	Maison de rapport, rues Clavel et de Belleville, 105......	1205	»	84.500
Janvier...	Maison 18, boulevard de Latour-Maubourg........	302	»	160.000
Décembre..	Propriété boulevard Pereire, 57..	1220	»	79.100
Mars...	Propriété rue Galilée, 31....	500	»	162.000
Novembre..	Propriété rue Duperré, 28...	140	»	17.000
Mars ...	Propriété deux bâtiments, rue de La Rochefoucauld, 47....	114	»	111.500
Mars....	Propriété rue d'Hauteville, 48..	881	»	286.000
Décembre..	Maison impasse St-Sébastien, 8 et 10.............	1102	»	172.000
—	Propriété rue de Montreuil, 125.	2370	»	145.500
Mars....	Propriété rue des Trois-Couronnes, 11............	150	»	41.050
Novembre..	Propriété avec terrain, impasse des Meuniers, 20......	1200	»	12.500
Décembre..	Propriété boulevard Picpus, 20.	4470	20	70.100
—	Maison de rapport, avenue d'Italie, 32...........	1443	»	60.050
—	Propriété rue de la Butte-aux-Cailles, 15.........	156	»	6.300
—	Propriété rue des Cinq-Diamants, 20.............	430	69	12.000
Novembre..	Propriété rue Nationale, 23 bis..	467	»	15.500
Décembre..	Propriété rue de l'Ecluse, 14..	170	»	10.500
Novembre..	Propriété rue Dombasle, 61...	540	70	15.500
Décembre..	Maison de rapport, impasse des Morillons, 3.........	250	»	8.200
Février...	Propriété rue Kléber, 62....	947	»	71.000
—	Propriété rue Lecourbe, 124..	291	35	13.000
Mars....	Maison de rapport, avenue de la Motte-Picquet, 3.......	436	»	45.100
—	Propriété rue de Vaugirard, 352.	370	»	15.030
Décembre..	Propriété avenue d'Iéna, 63...	339	»	320.050
—	Propriété rue Erlanger, 25...	600	»	17.000
—	Propriété rue de l'Assomption, 63.............	240	»	14.050

DATE de la vente	DÉSIGNATION	SURFACE totale	MONTANT de l'adjudication
Décembre. .	Propriété avec deux bâtiments, rue de la Condamine, 91. . .	540 »	43.000
Février. . .	Hôtel avec jardin, cité des Fleurs, 38, à Paris-Batignolles. . . .	345 »	32.100
—	Maison passage Baudelicque, 21.	90 »	6.000
Mars. . . .	Propriété avec jardin, rue des Gardes, 5.	265 »	40.050
Décembre. .	Maison cité Henry, 11, rue Compans, à Belleville.	189 »	10.100
—	Propriéte rue de Crimée, 79. .	274 »	37.000
Janvier. . .	Maison avec jardin, rue de Crimée, 56.	200 »	4.100
Février. . .	Propriété rue de Flandre, 152. .	1140 »	106.000
Novembre. .	Propriété rue des Maronites, 20..	1200 »	12.500
—	Propriété rue Orfila, 64.	240 »	6.500
Décembre. .	Propriété rue de Belleville, 331.	683 »	20.000
Mars. . . .	Propriété rue des Cascades, 47..	256 28	6.500

Nomenclature des établissements dangereux ou incommodes

DÉSIGNATION DES INDUSTRIES	INCONVÉNIENTS	CLASSES
Abattoir public.	Odeur et altération des eaux.	1re.
Absinthe (Voir *Distillerie*.)		
Acide arsénique (Fabrication de l') au moyen de l'acide arsénieux et de l'acide azotique :		
1° Quand les produits nitreux ne sont pas absorbés.	Vapeurs nuisibles	1re.
2° Quand ils sont absorbés.	*Idem*.	2°.
Acide chlorydrique (Production de l') par décomposition des chlorures de magnésium, d'aluminium et autres :		
1° Quand l'acide n'est pas condensé. . .	Emanat. nuisibles	1re.
2° Quand l'acide est condensé.	Emanations accidentelles. . .	2°.
Acide muriatique. (Voir *Acide chlorhydrique*)		
Acide nitrique.	Emanat. nuisibles	3e.
Acide oxalique (Fabrication de l') :		

DÉSIGNATION DES INDUSTRIES	INCONVÉNEINTS	CLASSES
1° Par l'acide nitrique :		
a. Sans destruction des gaz nuisibles.	Fumée.	1ro.
b. Avec destruction des gaz nuisibles.	Fumée acciden- telle	3°.
2° Par la sciure de bois et la potasse. .	Fumée.	2°.
Acide picrique :		
1° Quand les gaz nuisibles ne sont pas brûlés.	Vapeurs nuisibles	1ro.
2° Avec destruction des gaz nuisibles. .	*Idem.*	3°.
Acide pyroligneux (Fabrication de l') :		
1° Quand les produits gazeux ne sont pas brûlés.	Fumée et odeur.	2°.
2° Quand les produits gazeux sont brûlés.	*Idem.*	3°.
Acide pyroligneux (Purification de l') : . .	Odeur.	2°.
Acide stéarique (Fabrication de l') :		
1° Par distillation.	Odeur et danger d'incendie, . .	1ro.
2° Par saponification.	*Idem.*	2°.
Acide sulfurique (Fabrication de l') :		
1° Par combustion du soufre et des py- rites.	Emanat. nuisibles	1ro.
2° De Nordhausen par la décomposition du sulfate de fer.	*Idem.*	3°.
Acide urique. (Voir *Murexide.*).		
Acier (Fabrication de l').	Fumée.	3°.
Affinage de l'or et de l'argent par les acides	Emanat. nuisibles	1re.
Affinage des métaux au fourneau. (Voir *Grillage des Minerais*).		
Albumine (Fabrication de l') au moyen du sérum frais de sang.	Odeur.	3°.
Alcali volatil. (Voir *Ammoniaque.*)		
Alcools autres que le vin, sans travail de rectification.	Altérat. des eaux	3°.
Alcools. (Distillerie agricole.)	*Idem.*	3°.
Alcool (Rectification de l').	Danger d'incend.	2°.
Agglomérés ou briquettes de houilles (Fabr. des) :		
1° Au brai gras.	Odeur. dang. d'in- cendie	3°.
2° Au brai sec.	Odeur.	2°.
Aldéhyde (Fabrication de l').	Danger d'inc. . .	1ro.
Allumettes (Fabrication des) avec matières détonantes et fulminantes.	Danger d'explo- sion et d'inc. .	1ro.
Alun. (Voir *Sulfate d'alumine.*)		
Amidonneries :		
1° Par fermentation	Odeur, émanat. nuisibles et al- térat. des eaux	1ro.

DÉSIGNATION DES INDUSTRIES	INCONVÉNIENTS	CLASSES
2° Par séparation du gluten et sans ferment.	Altérat. des eaux	2°.
Ammoniaque (Fabrication en grand de l') par la décomposition des sels ammoniacaux.	Odeur.	3°.
Amorces fulminantes (Fabrication des). .	Danger d'explosion.	1re.
Appareils de réfrigération :		
1° A ammoniaque.	Odeur	3°.
2° A éther ou autres liquides relatifs et combustibles	Danger d'explosion et d'inc. .	3°.
Arcansons ou résines de pin. (Voir *Résines*, etc.)		
Argenture sur métaux. (V. *Dorure et argent.*)		
Arséniate de potasse (Fabricat. de l') au moyen du salpêtre :		
1° Quand les vapeurs ne sont pas absorbées.	Emanat. nuisibles	1re.
2° Quand les vapeurs sont absorbées. .	Emanat. accident.	2°.
Artifices (Fabrication des pièces d'). . . .	Danger d'incend. et d'explosion.	1re.
Asphaltes, bitumes, brais et matières bitumineuses solides (Dépôts d').	Odeur , danger d'incendie. . .	3°.
Asphaltes et bitumes (Travail des) à feu nu.	*Idem*.	2°.
Ateliers de construction de machines et wagons. (Voir *Machines et wagons.*)		
Bâches imperméables (Fabrication des) :		
1° Avec cuisson des huiles.	Danger d'incend.	1re.
2° Sans cuisson des huiles.	*Idem*.	2°.
Baleine (Travail des fanons de.) (Voir *Fanons de baleine.*)		
Baryte (Décoloration du sulfate de) au moyen de l'acide chlorydrique à vases ouverts..	Emanat. nuisibles	2°.
Battage, cardage et épuration des laines, crins et plumes de literie.	Odeur et poussière.	3°.
Battages des cuirs (Marteaux pour le). . .	Bruit et ébranlement.	3°.
Battage et lavage (Ateliers spéciaux pour les) des fils de laine, bourres et déchets de filature de laine et de soie dans les villes	Bruit et poussière	3°.
Battage des tapis en grand.	Bruit et poussière	2°.
Batteurs d'or et d'argent.	Bruit.	3°.
Battoir à écorces dans les villes.	Bruit et poussière	3°.

DÉSIGNATION DES INDUSTRIES	INCONVÉNIENTS	CLASSES
Benzine (Fabrication et dépôts de). Voir *Huiles de pétrole, de schiste,* etc.		
Bitumes et asphaltes (Fabrication et dépôts de). Voir *Asphaltes, bitumes,* etc.		
Blanc de plomb. (Voir *Céruse.*)		
Blanc de zinc (Fabrication de) par la combustion du métal.	Fumées métalliques.	3°.
Blanchiment :		
1° Des fils, des toiles et de la pâte à papier par le chlore.	Odeur, émanat. nuisibles . . .	2°.
2° Des fils et tissus de lin, de chanvre et de coton, par les chlorures (hypochlorites) alcalins.	Odeur. altération des eaux. . .	3°.
3° Des fils et tissus de laine et de soie par l'acide sulfureux.	Emanat. nuisibles	2°.
Bleu de Prusse (Fabrication de). (Voir *Cyanure de potassium.*)		
Boues et immondices (Dépôts de) et voiries.	Odeur.	1ro.
Bougies de paraffine et autres d'origine minérale (Moulage des).	Odeur, dang. d'inc	3°.
Bougies et autres objets en cire et en acide stéarique.	Danger d'incend.	3°.
Bouillon de bière (Distil. de). (V. *Distilleries.*)		
Bourre. (Voir *Battage.*)		
Boutonniers et autres emboutisseurs de métaux par moyens mécaniques.	Bruit.	3°.
Boyauderies. (Travail des boyaux frais pour tous usages.).	Odeur, émanat. nuisibles . . .	1re.
Boyaux et pieds d'animaux abattus (Dépôts de) (Voir *Chairs et débris.*)		
Brasseries.	Odeur.	3°.
Briqueteries avec fours non fumivores. . .	Fumée.	3°.
Briquettes ou agglomérés de houille. (Voir *Agglomérés.*)		
Brûleries des galons de tissus d'or ou d'argent. (Voir *Galons.*)		
Buanderies.	Altérat. des eaux	3°.
Café (Torréfaction en grand du).	Odeur et Fumée.	3°.
Caillettes et caillons pour la confection des fromages. (Voir *Chairs et débris.*)		
Cailloux (Fours pour la calcination des). .	Fumée.	3°.
Calcination des cailloux. (Voir *Cailloux.*)		
Carbonisation du bois :		

DÉSIGNATION DES INDUSTRIES	INCONVÉNIENTS	CLASSES
1° A l'air libre dans des établissements permanents et autre part qu'en forêt.	Odeur et Fumée.	2e.
2° En vases clos { avec dégagement dans l'air des produits gazeux de la distilat.	Odeur et fumée.	2e.
avec combustion des produits gazeux de distillation. . . .	Idem.	3e.
Carbonisation des matières animales en général.	Odeur.	1ro.
Caoutchouc (Travail du) avec emploi d'huiles essentielles ou de sulfure de carbone	Odeur, dang. d'incendie	2c.
Caoutchouc (Application des enduits du). .	Danger d'incend.	2o.
Cartonniers.	Odeur.	3e.
Cendres d'orfèvre (Traitem. des) par le plomb.	Fumées métalliques.	3c.
Cendres gravelées :		
1° Avec dégagement de la fumée en dehors.	Fumées et odeur.	1ro.
2° Avec combust. ou condensat. des fumées.	Idem.	2c.
Céruse ou blanc de plomb (Fabricat. de la)	Emanat. nuisibles	3o.
Chairs, débris et issues (Dépôts de) provenant de l'abatage des animaux. . . .	Odeur.	1re.
Chamoiseries.	Idem.	2c.
Chandelles (Fabrication des)	Odeur, dang. d'inc	3c.
Chantiers de bois à brûler dans les villes.	Emanat. nuisibles danger d'inc. .	3c.
Chanvre (Teillage et rouissage du) en grand. (Voir aux mots Teillage et rouissage.)		
Chanvre imperméable. (V. Feutre goudronné.)		
Chapeaux de feutre (Fabrication des). . .	Odeur et poussière.	3o.
Chapeaux de soie ou autres préparés au moyen d'un vernis (Fabrication de). . .	Danger d'incend.	2o.
Charbons agglomérés. (Voir Agglomérés.)		
Charbon animal (Fabrication ou revivification du). (V. Carbonisation des matières animales.)		
Charbon de bois dans les villes (Dépôts ou magasins de).	Idem.	3c.
Charbons de terre (Voir Houille et Coke.)		
Chaudronnerie. (V. Forges de grosses œuvres.)		
Chaux (Fours à)		
1° Permanents.	Fumée, poussière	2o.

DÉSIGNATION DES INDUSTRIES	INCONVÉNIENTS	CLASSES
2° Ne travaillant pas plus d'un mois par an.	Fumée, poussière.	3e.
Chiens (Infirmeries de).	Odeur et bruit .	1re.
Chiffons (Dépôts de).	Odeur..	3e.
Chlore (Fabrication du).	Idem.	2e.
Chlorure de chaux (Fabrication du :		
1° En grand..	Idem.	2e.
2° Dans des ateliers fabricant au plus 300 kilogrammes par jour.	Idem.	3e.
Chlorures alcalins, eau de Javelle (Fabricat. des).	Idem.	2e.
Chromate de potasse (Fabrication du). . .	Idem.	3e.
Chrysalides (Ateliers pour l'extraction des parties soyeuses des).	Odeur..	1re.
Cire à cacheter (Fabrication de la). . . .	Danger d'incendie	3e.
Cochenille ammoniacale (Fabrication de la).	Odeur..	3e.
Cocons :		
1° Traitement des frisons de cocons. . .	Altérat. des eaux.	2e.
2° Filature de cocons. (*Voir Filature.*)		
Coke (Fabrication du) :		
1° En plein air ou en fours non fumivores.	Fumée et poussière.	1re.
2° En fours fumivores.	Poussière. . . .	2e.
Colle forte (Fabrication de la).	Odeur, altération des eaux. . .	1re.
Combustion des plantes marines dans les établissements permanents.	Odeur et fumée.	1re.
Construction (Ateliers de). (*Voir machines et wagons.*)		
Cordes à instruments en boyaux (Fabrication de). (Voir *Boyauderie.*)		
Corroierie.	Odeur..	2e.
Coton et coton gras (Blanchissage des déchets de)	Altérat. des eaux.	3e.
Cretons (Fabrication de).	Odeur et danger d'incendie. . .	1re.
Crins (Teinture des). (Voir *Teintureries.*)		
Crins et soies de porc (Préparation des) sans fermentation. (Voir aussi *Soies de porc par fermentation*).	Odeur et poussière.	2e.
Cristaux (Fabricat. de) (Voir *Verreries, etc.*)		
Cuirs vernis (Fabrication de).	Odeur et danger d'incendie. . .	1re.
Cuirs verts et peaux fraîches (Dépôt de). .	Odeur..	2e.
Cuivre (Dérochage du) par les acides. . .	Odeur, émanations nuisibles.	3e.
Cuivre (Fonte du). (Voir *Fonderies, etc.*)		
Cyanure de potassium et bleu de Pruss.		

DÉSIGNATION DES INDUSTRIES	INCONVÉNIENTS	CLASSES
(Fabrication de) :		
1° Par la calcination directe des matières animales avec la potasse.	Odeur.	1re.
2° Par l'emploi de matières préalablement carbonisées en vases clos. . .	Idem.	2e.
Cyanure rouge de potassium ou prussiate rouge de potasse.	Emanat. nuisibles	3e.
Débris d'animaux (Dépôt de). (V. Chairs, etc.)		
Déchets de matières filamenteuses (Dépôt de) en grand dans les villes.	Danger d'inc. . .	3e.
Dégras ou huile épaisse à l'usage des chamoiseurs et corroyeurs (Fabrication de).	Odeur, dang. d'incendie	1re.
Dégraissage des tissus et déchets de laine. Par les huiles de pétrole et autres hydrocarbures.	Danger d'inc. . .	1re.
Dérochage du cuivre. (Voir Cuivre.)		
Distillerie en général, eau-de-vie, genièvre, kirsch, absinthe et autres liqueurs alcooliques.	Idem.	3e.
Dorure et argenture sur métaux.	Emanations nuisibles	3e.
Eau de Javelle (Fabrication d'). (Voir Chlorures alcalins).		
Eau-de-vie. (Voir Distilleries.)		
Eau-forte. (Voir Acide nitrique.)		
Eaux grasses (Extraction pour la fabrication du savon et autres usages, des huiles contenues dans les) :		
1° En vases ouverts.	Odeur, dang. d'incendie	1re.
2° En vases clos.	Idem.	2e.
Eaux savonneuses des fabriques. (Voir Huiles extraites des débris d'animaux.)		
Echaudoirs :		
1° Pour la préparation industrielle des débris d'animaux.	Odeur.	1re.
2° Pour la préparation des parties d'animaux propres à l'alimentation. . . .	Idem.	3e.
Email (Application de l') sur les métaux. .	Fumée.	3e.
Emaux (Fabrication d') avec fours non fumivores.	Idem.	3e.
Encre d'imprimerie (Fabriques d'). . . .	Odeur, dang. d'incendie	1re.
Engrais (Fabrication des) au moyen des matières animales.	Odeur.	1re.
Engrais (Dépôts d') au moyen des matières provenant de vidanges ou de débris d'animaux :		

DÉSIGNATION DES INDUSTRIES	INCONVÉNIENTS	CLASSES
1º Non préparés ou en magasin non couvert.	Odeur	1re.
2º Desséchés ou désinfectés et en magasin couvert, quand la quantité excède 25,000 kilogrammes.	Idem.	2º.
3º Les mêmes, quand la quantité est inférieure à 25 kilogrammes.	Idem.	3º.
Engraissement des volailles dans les villes (Établissement pour l').	Idem.	3º.
Eponges (Lavage et séchage des).	Odeur et altération des eaux.	3º.
Equarrissage des animaux.	Odeur et émanat. nuisibles . . .	1re.
Etamage des glaces.	Emanat. nuis. .	3º.
Ether (Fabrication et dépôt d').	Danger d'inc. et d'explosion . .	1re.
Etoupilles (Fabrication d') avec matières explosives.	Danger d'explosion et d'inc. .	1re.
Faïence (Fabriques de) :		
1º Avec fours non fumivores.	Fumée.	2º,
2º Avec fours fumivores.	Fumée accidentelle.	3º.
Fanons de baleine (Travail des).	Emanat. incommode	3º.
Farines (Moulins à). (Voir *Moulins.*)		
Féculeries.	Odeur, altération des eaux. . .	3º.
Fer-blanc (Fabrication du).	Fumée.	3º.
Feutres et visières vernis (Fabrication de).	Odeur, dang. d'incendie	1re.
Feutre goudronné (Fabrication du). . . .	Idem.	2º.
Filature des cocons (Ateliers dans lesquels la) s'opère en grand, c'est-à-dire employant au moins six tours.	Odeur, altération des eaux. . .	3º.
Fonderie de cuivre, laiton et bronze. . .	Fumées métalliq.	3º.
Fonderies en 2º fusion.	Fumée.	3º.
Fonte et laminage du plomb, du zinc et du cuivre.	Bruit, fumée. . .	3º.
Forges et chaudronneries de grosses œuvres employant des marteaux mécaniques. .	Fumée, bruit. . .	2º.
Formes en tôle pour raffinerie. (Voir *Tôles vernies.*)		
Fourneaux à charbon de bois. (Voir *Carbonisation du bois.*)		
Fourneaux (Hauts-).	Fumée et poussière.	2º.

DÉSIGNATION DES INDUSTRIES	INCONVÉNIENTS	CLASSES
Fours pour la calcination des cailloux. (Voir *Cailloux*.)		
Fours à plâtre et fours à chaux. (Voir *Plâtre, Chaux*.)		
Fromages (Dépôt de) dans les villes. . . .	Odeur..	3ᵉ.
Fulminate de mercure (Fabrication du). .	Danger d'explosion et d'inc. .	1ʳᵉ.
Galipots ou résines de pin. (Voir *Résines*.)		
Galons et tissus d'or et d'argent (Brûleries en grand des) dans les villes.	Odeur..	2ᵉ.
Gaz, goudrons des usines. (Voir *Goudrons*.)		
Gaz d'éclairage et de chauffage (Fabricat. du).		
1° Pour l'usage public.	Odeur, dang. d'in.	2ᵉ.
2° Pour l'usage particulier.	*Idem*.	3°.
Gazomètres pour l'usage particulier, non attenant aux usines de fabrication. . .	*Idem*.	3°.
Gélatine alimentaire et gélatines provenant de peaux blanches et de peaux fraîches non tannées (Fabrication de la). . . .	Odeur.	3°.
Générateurs à vapeur. (Régime spécial.)		
Genièvre. (Voir *Distilleries*.)		
Glaces (Etamage des). (Voir *Etamage*.)		
Glace. (Voir *Appareils de réfrigération*.)		
Goudrons (Usines spéciales pour l'élaboration des) d'origines diverses.	Odeur, dang. d'incendie. . . .	1ʳᵒ.
Goudrons (Traitement des) dans les usines à gaz où ils se produisent.	*Idem*.	2ᵉ.
Goudrons et matières bitumineuses fluides (Dépôts de)..	*Idem*.	2ᵉ.
Goudrons et brais végétaux d'origines diverses (Elaboration des).	*Idem*.	1ʳᵉ.
Graisses à feu nu (Fonte des).	*Idem*.	1ʳᵉ.
Graisses pour voitures (Fabrication des). .	*Idem*.	1ʳᵒ.
Grillage des minerais sulfureux.	Fumée, émanations nuisibles.	1ʳᵉ.
Guano (Dépôts de) :		
1° Quand l'approvisionnement excède 25,000 kilogrammes.	Odeur.	1ʳᵒ.
2° Pour la vente au détail.	*Idem*.	3ᵉ.
Harengs (Saurage des).	*Idem*.	3ᵉ.
Hongroieries.	Odeur..	3ᵉ.
Houille (Agglomérés de). (Voir *Agglomérés*.)		
Huile de Bergues (Fabriques d'). (V. *Dégras*.)		
Huiles de pétrole, de schiste et de goudron, essences et autres hydrocarbures employés pour l'éclairage, le chauffage, la fabrication des couleurs et vernis, les dégraissage des étoffes et autres usages :		

DÉSIGNATION DES INDUSTRIES	INCONVÉNIENTS	CLASSES
1° Fabrication, distillation et travail en grand..........................	Odeur et danger d'incendie...	1re.
2° Dépôts. *a.* Substances très inflammables, c'est-à-dire émettant des vapeurs susceptibles de prendre feu (1) à une température de moins de 35 degrés : 1° Si la quantité emmagasinée est, même temporairement, de 1,500 litres (2) ou plus.........	Idem........	1re.
2° Si la quantité supérieure à 150 litres n'atteint pas 1,050 litres...	Idem......	2e.
Huiles de pétrole, de schiste et de goudron, essences et autres hydrocarbures employés pour l'éclairage, le chauffage, la fabrication des couleurs et vernis, le dégraissage des étoffes et autres usages : 1° Fabrication, distillation et travail en grand............................	Idem........	1re.
2° Dépôts. *b.* Substances moins inflammables, c'est-à-dire n'émettant de vapeurs susceptibles de prendre feu (3) qu'à une température de 35 degrés et au-dessus : 1° Si la quantité emmagasinée est, même temporairement, de 10,050 litres ou plus..............	Idem.......	1re.
2° Si la quantité emmagasinée supérieure à 1,050 litres n'atteint pas 10,500 litres............	Idem......	2e.
Huile de pied de bœuf (Fabriques d') : 1° Avec emploi de matières en putréfaction...................	Odeur......	1re.
2° Quand les matières employées ne sont pas putréfiées.............	Idem......	2e.
Huiles de poisson (Fabriques d').....	Odeur, dang. d'incendie....	1re.
Huile épaisse de dégras. (Voir *Dégras.*)		
Huiles de résine (Fabrication des).....	Idem......	1re.
Huileries ou moulins à huile........	Idem......	3e.
Huiles (Épuration des)...........	Idem.......	3e.
Huiles essentielles ou essence de térében-		

(1) Au contact d'une allumette enflammée.
(2) Le fût généralement adopté par le commerce pour les pétroles est de 150 litres; 1,050 représentent donc sept desdits fûts.
(3) Au contact d'une allumette enflammée.

DÉSIGNATION DES INDUSTRIES	INCONVÉNIENTS	CLASSES
thine, d'aspic et autres. (Voir *Huiles de pétrole, de schiste, etc.*)		
Huiles et autres corps gras extraits des débris des matières animales (Extraction des)	Odeur et danger d'incendie . .	1re.
Huiles extraites des schistes bitumineux. (Voir *Huiles de pétrole, de schiste, etc.*)		
Huiles (Mélange à chaud ou cuisson des) :		
1° En vases ouverts.	*Idem*.	1re.
2° En vases clos.	*Idem*.	2e.
Huiles rousses (Fabrication des) par extraction des cretons et débris de graisse à haute température	*Idem*.	1re.
Impressions sur étoffes. (Voir *Toiles peintes*.)		
Jute (Teillage du) (Voir *Teillage*.)		
Kirsch. (Voir *Distilleries*.)		
Laine. (Voir *Battage*.)		
Laiteries en grand dans les villes.	Odeur	2e.
Lard (Atelier à enfumer le).	Odeur et fumée.	3e.
Lavage de cocons. (Voir *Cocons*.)		
Lavage et séchage des éponges. (Voir *Eponges*)		
Lavoir à houille.	Altérat. des eaux.	3e.
Lavoir à laine.	*Idem*.	3e.
Lignites (Incinération des)	Fumée, émanations nuisibles.	1re.
Lin (Teillage en grand du). (Voir *Teillage*.)		
Lin (Rouissage du). (Voir *Rouissage*.)		
Liquides pour l'éclairage (Dépôts de) au moyen de l'alcool et des huiles essentielles.	Danger d'incendie et d'explosion.	2e.
Liqueurs alcooliques. (Voir *Distilleries*.)		
Litharge (Fabrication de).	Poussière nuisible	3e.
Machines et wagons (Ateliers de construction de).	Bruit, fumée . .	2e.
Machines à vapeur. (Voir *Générateurs*.)		
Maroquineries	Odeur	3e.
Massicot (Fabrication du).	Emanat. nuisibles	3e.
Mégisseries.	Odeur	3e.
Mélanges d'huiles. (V. *Huiles, mélanges, etc.*)		
Ménageries.	Danger des anim.	1re.
Métaux (Ateliers de) pour construction de machines et appareils. (Voir *Machines*.)		
Minium (Fabrication du).	Emanat. nuisibles	3e.
Morues (Sécheries des).	Odeur	2e.
Moulins à broyer le plâtre, la chaux, les cailloux et les pouzzolanes.	Poussière. . . .	3e.
Moulins à l'huile. (Voir *Huileries*.)		

DÉSIGNATION DES INDUSTRIES	INCONVÉNIENTS	CLASSES
Murexide (Fabrication de la) en vases clos par la réaction de l'acide azotique et de l'acide urique du guano.	Emanat. nuisibles	2º.
Nitrate de fer (Fabrication du) :		
1º Lorsque les vapeurs nuisibles ne sont pas absorbées ou décomposées. . . .	Emanat, nuisibles	1ʳᵉ.
2º Dans le cas contraire.	Idem.	3º.
Nitro-benzine, aniline et matières dérivant de la benzine (Fabrication de la). . . .	Odeur, émanat. nuis., danger d'incendie . .	2º.
Noir des raffineries et des sucreries (Revivification du)	Emanat, nuisibles, odeur. .	2º.
Noir de fumée (Fabrication du) par la distillation de la houille, des goudrons, etc.).	Fumée, odeur. .	2º.
Noir d'ivoire et noir animal (Distillation des os ou fabrication du) :		
1º Lorsqu'on n'y brûle pas les gaz . . .	Odeur	1ʳᵉ.
2º Lorsque les gaz sont brûlés	Idem.	2º.
Noir minéral (Fabrication du) par le broyage des résidus de la distillation des schistes bitumineux.	Odeur et poussière.	3º.
Oignons (Dessication des) dans les villes. .	Odeur	2º.
Olives (Confiserie des).	Altérat. des eaux.	3º.
Olives (Tourteaux d'). (Voir *Tourteaux*.)		
Orseille (Fabrication de l') :		
1º En vases ouverts.	Odeur	1ʳᵉ.
2º A vases clos, et employant de l'ammoniaque à l'exclusion de l'urine. . .	Idem.	3º.
Os (Torréfaction des) pour engrais :		
1º Lorsque les gaz ne sont pas brûlés. .	Odeur et danger d'incendie. . .	1ʳᵒ.
2º Lorsque les gaz sont brûlés.	Idem.	2º.
Os d'animaux (Calcination des). (Voir *Carbonisation des matières animales.*)		
Os frais (Dépôts d') en grand.	Odeur, émanat. nuisibles . . .	1ʳᵒ.
Ouates (Fabrication de).	Poussière et danger d'incendie.	3º.
Papiers (Fabrication de).	Danger d'incendie	3º.
Pâte à papier (Préparation de la) au moyen de la paille et autres matières combustibles.	Altérat. des eaux.	3º.
Parchemineries.	Odeur	2º.
Peaux de lièvre et de lapin (Voir *Secrétage*.)		
Peaux de mouton (Séchage des).	Odeur et poussière.	3º.

DÉSIGNATION DES INDUSTRIES	INCONVÉNIENTS	CLASSES
Peaux fraîches. (Voir *Cuirs verts.*)		
Perchlorure de fer par dissolution du peroxyde de fer (Fabrication de)......	Emanat. nuisibles.....	3º.
Pétrole. (Voir *Huiles de pétrole.*)		
Phosphore (Fabrication de)........	Danger d'incendie	1ʳᵉ.
Pileries mécaniques des drogues.....	Bruit et poussière.....	3º.
Pipes à fumer (Fabrication des) :		
1º Avec fours non fumivores......	Fumée.....	2º.
2º Avec fours fumivores........	Fumée accideutelle.....	3º.
Plantes marines. (Voir *Combustion des plantes marines.*)		
Plâtre (Fours à) :		
1º Permanents.............	Fumée et poussière.....	2º.
2º Ne travaillant pas plus d'un mois. .	*Idem*......	3º.
Plomb (Fonte et laminage du). (V. *Fonte, etc.*)		
Poêliers fournalistes, poêles et fourneaux en faïence et terre cuite. (Voir *faïence.*)		
Poils de lièvre et de lapin. (Voir *Secrétage.*)		
Poissons salés (Dépôts de).......	Odeur incommode......	2º.
Porcelaine (Fabrication de) :		
1º Avec fours non fumivores.....	Fumée.....	2º.
2º Avec fours fumivores.......	Fumée accidentelle.....	3º.
Porcheries...............	Odeur, bruit...	1ʳᵉ.
Potasse (Fabrication de) par calcination des résidus de mélasse.........	Fumée et odeur.	2º.
Potasse. (Voir *Chromate de potasse.*)		
Poteries de terre (Fabrication de) avec fours non fumivores...........	Fumée.....	3º.
Poudres et matières fulminantes (Fabrication de). (Voir aussi *Fulminate de mercure.*)...............	Danger d'explosion et d'inc..	1ʳº.
Poudrette (Fabrication de) et autres engrais au moyen de matières animales....	Odeur et altérat. des eaux...	1ʳº.
Poudrette (Dépôts de). (Voir *Engrais.*)		
Pouzzolane artificielle (Fours à).....	Fumée.....	3º.
Protochlorure d'étain ou sel d'étain (Fabrication du)..............	Émanat. nuisibles	2º
Prussiate de potasse. (V. *Cyan. de potassium.*)		
Pulpes de pommes de terre. (Voir *Féculeries.*)		

DÉSIGNATION DES INDUSTRIES	INCONVÉNIENTS	CLASSES
Raffineries et fabriques de sucre.	Fumée, odeur. .	2ᵉ.
Résines, galipots et arcansons (Travail en grand pour la fonte et l'épuration des). .	Odeur, dang. d'incendie..	1ʳᵉ.
Rogues (Dépôts de salaisons liquides connues sous le nom de).	Odeur.	2ᵉ.
Rouge de Prusse et d'Angleterre.	Emanations nuisibles..	1ʳᵉ.
Rouissage en grand du chanvre et du lin.	Emanations nuisibles et altérat. des eaux. . .	1ʳᵉ.
Rouissage en grand du chanvre et du lin par l'action des acides, de l'eau chaude et de la vapeur.	*Idem*.	2ᵉ.
Sabots (Ateliers à enfumer les) par la combustion de la corne ou d'autres matières animales, dans les villes.	Odeur et fumée..	1ʳᵉ.
Salaison et préparation des viandes. . .	Odeur.	3ᵉ.
Salaisons (Ateliers pour les) et le saurage des poissons.	*Idem*.	2ᵉ.
Salaisons (Dépôts de) dans les villes. . . .	*Idem*.	3ᵉ.
1º Ateliers pour la séparation de la fibrine, de l'albumine, etc.	*Idem*.	1ʳᵉ.
2º (Dépôt de) pour la fabrication du bleu de Prusse et autres industries. . .	*Idem*.	1ʳᵉ.
3º (Fabrique de poudre de) pour la clarification des vins.	Odeur.	1ʳᵉ.
Sardines (Fabriques de conserves de), dans les villes	*Idem*.	2ᵉ.
Saucissons (Fabrication en grand de). . .	*Idem*.	2ᵉ.
Saurage de Harengs. (Voir *Harengs*.)		
Savonneries.	*Idem*.	3ᵉ.
Schistes bitumeux. (Voir *Huiles de pétrole, de schiste*, etc.).		
Séchage des éponges. (Voir *Eponges*.)		
Sécheries des morues. (Voir *Morues*.)		
Secrétage des peaux ou poils de lièvre et lapin.	Odeur.	2ᵉ.
Sel ammoniac et sulfate d'ammoniaque (Fabrication du) par l'emploi des matières animales..	Odeur, émanat. nuisibles. . .	2ᵉ.
Sel ammoniac extrait des eaux d'épuration du gaz (Fabrique spéciale de).	Odeur.	2ᵉ.
Sel de soude (Fabrication du) avec le sulfate de soude.	Fumée, émanat. nuisibles. .	3ᵉ.
Sel d'étain. (Voir *Protochlorure d'étain*) .		
Sirops de fécule et glucose (Fabrication des).	Odeur.	3ᵉ.

DÉSIGNATION DES INDUSTRIES	INCONVÉNIENTS	CLASSES
Soie. (Voir *Chapeaux*.)		
Soie. (Voir *Filature*.)		
Soies de porc (Préparation des) :		
1° Par fermentation.	Odeur	1re.
2° Sans fermentation. (Voir *Crins et soies de porc*.)		
Soude. (Voir *Sulfate de soude*.)		
Soudes brutes de varech (Fabrication des dans les établissements permanents. . .	Odeur et fumée..	1re.
Soufre (Fusion ou distillation du).	Emanat. nuisibl., dang. d'incend.	2e.
Soufre (Pulvérisation et blutage du). . .	Poussière, dang. d'incendie. . .	3e.
Sucre. (V. *Raffineries et fabriques de sucre*.)		
Suif brun (Fabrication du).	Odeur, dang. d'incendie. . . .	1re.
Suif en branches (Fonderies de) :		
1° A feu nu.	*Idem*.	1re.
2° Au bain-marie ou à la vapeur. . .	Odeur	2e.
Suif d'os (Fabrication du).	Odeur, altération des eaux, dang. d'incendie. . .	1re.
Sulfate d'ammoniaque (Fabrication du) par le moyen de la distillation des matières animales.	Odeur.	1re.
Sulfate de baryte. (Voir *Baryte*.)		
Sulfate de cuivre (Fabrication du) au moyen du grillage des pyrites.	Emanat. nuisibl. et fumée. . .	1re.
Sulfate de mercure (Fabrication du) :		
1° Quand les vapeurs ne sont pas absorbées.	Emanat. nuisibles	1re.
2° Quand les vapeurs sont absorbées. .	Emanations moindres.	2°.
Sulfate de peroxyde de fer (Fabrication du) par le sulfate de protoxyde de fer. et l'acide nitrique (nitro-sulfate de fer). .	Emanat. nuisibles	2°.
Sulfate de protoxyde de fer ou couperose verte par l'action de l'acide sulfurique sur la ferraille (Fabrication en grand du).	Fumée, émanat. nuisibles. . .	3°.
Sulfate de soude (Fabrication du) :		
1° Par la décomposition du sel marin par l'acide sulfurique, sans condensation de l'acide chlorhydrique. . . .	Emanations nuisibles.	1re.
2° Avec condensation complète de l'acide chlorhydrique.	*Idem*.	2°.
Sulfate de fer, d'alumine et alun (Fabrica-		

DÉSIGNATION DES INDUSTRIES	INCONVÉNIENTS	CLASSES
tion par le lavage des terres pyriteuses et alumineuses grillées du).	Fumée et altérat. des eaux. . .	3º.
Sulfure de carbone (Fabrication du). . . .	Odeur, dang. d'incendie. . . .	1ʳᵒ.
Sulfure de carbone (Manufactures dans lesquelles on emploie en grand le). . . .	Dang. d'incendie.	1ʳᵒ.
Sulfure de carbone (Dépôts de). (Suivent le régime des huiles de pétrole.)		
Sulfures métalliques. (Voir *Grillage des minerais sulfureux.*)		
Tabacs (Manufacture de).	Odeur et poussière.	2ᵉ.
Tabac (Incinération des côtes de).	Odeur et fumée..	1ʳᵉ.
Tabatières en carton (Fabrication des). . .	Odeur et danger d'incendie.. .	3ᵘ.
Taffetas et toiles vernis ou cirés (Fabricat. de).	*Idem*.	1ʳᵉ.
Tan (Moulins à).	Bruit et poussière.	3º.
Tanneries.	Odeur..	2ᵉ.
Teinturiers.	Odeur et altérat. des eaux. . .	3º.
Teintureries de peaux.	Odeur	3º.
Terres émaillées (Fabrication de) :		
1º Avec fours non fumivores.	Fumée.	2º.
2º Avec fours fumivores.	Fumée accidentelle.	3ᵉ.
Terres pyriteuses et alumineuses (Grillage des).	Fumée, émanat. nuisibles. . .	1ʳᵒ.
Teillage du lin, du chanvre et du jute en grand.	Poussière et bruit.	2ᵉ.
Térébenthine (Distillation et travail en grand de la). (Voir *Huiles de pétrole, de schiste,* etc.)		
Tissus d'or et d'argent (Brûleries en grand des). (Voir *Galons.*)		
Toiles cirées. (Voir *Taffetas et toiles vernis*).		
Toiles (Blanchiment des). (V. *Blanchiment.*)		
Toiles grasses pour emballage, tissus, cordes goudronnées, papiers goudronnés, cartons et tuyaux bitumés (Fabrique de) :		
1º Travail à chaud.	Odeur, dang. d'incendie. . . .	2º.
2º Travail à froid.	*Idem*.	3º.
Toiles peintes (Fabrique de).	Odeur..	3ᵉ.
Toiles vernies (Fabrique de). (Voir *Taffetas et toiles vernis.*)		
Tôles et métaux vernis.	Odeur dang. d'inc	3º.

DÉSIGNATION DES INDUSTRIES	INCONVÉNIENTS	CLASSES
Tonnellerie en grand opérant sur des fûts imprégnés de matières grasses et putrescibles.	Bruit, odeur, fumée.	2e.
Torches résineuses (Fabrication de). . . .	Odeur et danger du feu. . . .	2e.
Tourbe (Carbonisation de la) :		
1° A vases ouverts.	Odeur et fumée.	1re.
2° En vases clos.	Odeur.	2o.
Tourteaux d'olives (Traitement des) par le sulfure de carbone.	Dang. d'incendie.	1re.
Tréfileries.	Bruit et fumée. .	3o.
Triperies annexes des abattoirs.	Odeur et altérat. des eaux. . .	1re.
Tueries d'animaux. (Voir aussi *Abattoirs publics*.	Danger des animaux et odeur.	2o.
Tuileries avec fours non fumivores. . . .	Fumée.	3e.
Urate (Fabrique d'). (Voir *Engrais préparés*.)		
Vacheries dans les villes de plus de 5,000 habitants.	Odeur et écoulement des urines	3o.
Varech. (Voir *Soude de varech*.)		
Vernis gras (Fabrique de).	Odeur, dang. d'incendie. . . .	1re.
Vernis à l'esprit-de-vin (Fabrique de). . .	*Idem*.	2e.
Vernis (Ateliers où l'on applique le) sur les cuirs, feutres, taffetas, toiles, chapeaux. (Voir ces mots).		
Verreries, cristalleries et manufactures de glaces :		
1° Avec fours non fumivores	Fumée, danger d'incendie. . .	2e.
2° Avec fours fumivores.	Dang. d'incendie.	3e.
Viandes (Salaisons des). (Voir *Salaisons*.)		
Visières et feutres vernis (Fabrique de). (Voir *Feutres et visières*.)		
Voiries. (Voir *Boues et immondices*.)		
Wagons et machines (Construction de). (Voir *Machines*.)		

Décret du 31 janvier 1872.

Le Président de la République.

Sur le rapport du ministre de l'agriculture et du commerce.

Vu le décret du 15 octobre 1810, l'ordonnance du 14 janvier 1815 et le décret du 25 mars 1852 sur la décentralisation administrative ;

Vu le décret du 31 décembre 1866 ;

Vu les avis du comité consultatif des arts et manufactures;

La commission provisoire chargée de remplacer le conseil d'Etat entendu,

Décrète :

ARTICLE PREMIER.

Les établissements compris dans le tableau annexé au présent décret ne pourront être créés qu'après accomplissement des formalités prescrites pour les ateliers insalubres, dangereux ou incommodes.

ART. II.

Le ministre de l'agriculture et du commerce est chargé de l'exécution du présent décret, qui sera inséré au *Bulletin des lois*.

Fait à Versailles, le 31 janvier 1872.

A. THIERS.

Par le Président :

Le ministre de l'agriculture et du commerce,

Victor LEFRANC.

PREMIER TABLEAU SUPPLÉMENTAIRE

Des établissements insalubres, dangereux
ou incommodes

(Addition à la nomenclature annexée au décret du 31 décembre 1866.)

DÉSIGNATION DES INDUSTRIES	INCONVÉNIENTS	CLASSES
Amorces fulminantes pour pistolets d'enfants (Fabrication d').	Danger d'explosion.	2ᵉ.
Bocards à minerais ou à crasse.	Bruit.	3ᵉ.
Ciments (Fours à) :		
1° Permanents.	Fumée, poussière.	2ᵉ.
2° Ne travaillant pas plus d'un mois par an.	Idem.	3ᵉ.
Déchets des filatures de lin, de chanvre et de jute (Lavage et séchage en grand des).	Odeur, altération des eaux.	2ᵉ.
Ether (Dépôts d') :		
1° Si la quantité emmagasinée est, même temporairement, de 1,000 litres ou plus.	Danger d'incendie et d'explosion.	1ʳᵉ.
2° Si la quantité, supérieure à 100 litres, n'atteint pas 1,000 litres.	Idem.	2ᵉ.
Graisses de cuisine (Traitement des).	Odeur	1ʳᵉ.
Graisses et suifs (Refonte des).	Idem.	3°.
Huile de ressence (Fabrication des).	Odeur, altération des eaux.	2ᵉ.
Huiles lourdes créosotées (Injection des bois à l'aide des) : Ateliers opérant en grand et d'une manière permanente.	Odeur, danger d'incendie	2°.
Lavoirs à minerais en communication avec des cours d'eau.	Altérat. des eaux.	3ᵉ.
Os secs en grand (Dépôts d').	Odeur	3°.
Peaux (Pelanage et séchage des).	Idem.	2ᵉ.
Superphosphate de chaux et de potasse (Fabrication du).	Emanat. nuisibles	2ᵉ.

POIDS ET MESURES

1: Conversion des mesures françaises en mesures étrangères et réciproquement.

LONGUEURS.

	mèt.
Pied de Paris (de Roy).	0.32484
Amsterdam (pied). .	0.283056
Anvers (pied).. . .	0.285588
Berlin (pied du Rhin, rendu légal pour toute la Prusse) .	0.313854
Berne (pied). . . .	0.200000
Carlsruhe (pied nouveau)	0.300000
Constantinople (gr. pick).	0.669079
— (petit pick ou draa stambulin. . . .	0.647874
Copenhague (pied).	0.313621
Cracovie (pied).. .	0.356421
Dresde (pied). . .	0.283260
Egypte (coudée ancienne).	0.525924
Espagne (pied de Madrid).	8.282655
— (vare de Castille).	0.835906
— (vare de la Havane, 3 pieds de Madrid).	0.847965
Hambourg (pied)..	0.287618
Hanovre (pied). . .	0.291995
Lisbonne (pied de construction). . .	0.338600
Londres (pied). . .	0.304794
Yard anglais. . . .	0.914383
Fathom anglais (2 yards.	1.828767
Perch anglaise (5 1/2 yards. . . .	5.02911
Furlong (220 yards).	201.16437
Mille anglais (1,760 yards).	1.609.3149
Pouce anglais (inch) 1/36 de yard.. .	0.0254
Munich (pied) . .	0.291857
Neufchâtel (pied)..	0.300000
Nuremberg	0.303793

Saint - Pétersbourg (pied russe). . .	0.538151
Sagène russe (7 pieds).	2.1336
Archine russe (1/3 sagène..	0.7115
Verchkoff russe (1 1/6 d'archine). .	0.0444
Verste (mesure itinéraire russe). .	1.067.0000
Stockolm (pied suédois).	0.296838
Stuttgard (pied du Wurtemberg).. .	0.286490
Varsovie (pied).. .	0.297769
Vienne (pied) . . .	0.316106
Zurich (pied) . . .	0.300000

SUPERFICIE.

	m. sup.
Yard carré anglais.	0.836097
Rod (perche carrée)	25.291939
Rood (1,210 yards carrés).	1.011.677500
Acre (4,840 yards carrés).	4.040.467100

VOLUMES.

	lit.
Gallon anglais. . .	4.543458
Peck (2 gallons). .	9.086916
Bushel (8 gallons) .	36.347664
Sack (3 bushels). .	1.09043
Chaldron (12 sacks).	13.08516
Kruska russe (liquides..	1.229
Vedro (10 kruskas).	12.289
Tonneau (40 vedros)	491.560
Tchetvert russe (matières sèches). .	209.740
Tchetverick (1/8 du tchetvert). . . .	26.216
Garnetz (1/8 du tchetverich). . .	3.277
Pot suisse.	1.500

POIDS.

	kil.
Livre anglaise (avoir-du-poids)!. . . .	0.453415
Livre anglaise (troy) rare	0.373096
Tonne anglaise (ton)	1.015.649
Livre de Vienne (pfund).	0.56
Quintal de Vienne et Hongrie (zentner)	56.00
Livre de Berlin.. .	0.467
Berkobetz russe (10 pouds)	163.72
Poud russe (40 livres).	16.372
Livre russe (96 zolotnick).	0.409388
Zolotnick (96 doleis)	0.0048
Dolei russe.. . . .	0.00005
Livre suisse. . . .	0.50

RÉCIPROQUEMENT :

Français.	Anglais.
1 Millimètre vaut	0.03937 pouces.
1 Centimètre, .	0.393708 pouc.
1 Décimètre . .	3.937079 pouc.
1 Mètre . . .	39.87079 pouces. / 3.2808992 pieds / 1.093633 yards.
1 Myriamètre. .	6.2138 milles.
1 Mètre carré..	1.196033 y. car.
1 Are.	0.098845 rood.
1 Hectare. . .	2.471143 acres.

2. Conversion spéciale des mesures agraires.

La perche des eaux et forêts avait 22 pieds de côté. — L'arpent des eaux et forêts était composée de 100 perches. — La perche de Paris avait 18 pieds de côté. — L'arpent de Paris était de 100 perches. — L'unité nouvelle que l'on nomme *are* est un carré de 10 mètres de côté. — L'*hectare* se compose de 100 ares.

Noms des mesures.	Pieds car.	Toises car.	Mètres car.
Perche des eaux et forêts. .	484	13,44	21,07
Arpent des eaux et forêts. .	48.400	1.344,44	5.107,20
Perche de Paris.	324	9	34,19
Arpent de Paris	32.400	900	3.418,97
Are.	947,7	26,32	100
Hectare.	94.768,2	2.632,45	10.000

RÉDUCTION DES ARPENTS EN HECTARES ET DES HECTARES EN ARPENTS.

Nombre d'arpents	ARPENTS		Nombre d'hectares	HECTARES	
	de Paris eu hectares	des eaux et forêts en hectares		en arpents de Paris	en arpents des eaux et forêts
1	0.3419	0.5107	1	2.9249	1.9580
2	0.6838	1.0214	2	5.8499	3.9160
3	1.0257	1.5322	3	8.7748	5.8641
4	1.3675	2.0429	4	11.6998	7.8321
5	1.7094	2.5536	5	14.6247	1.7901
6	2.0513	3.0643	6	17.5497	9.7481
7	2.3932	3.5750	7	20.4746	13.7061
8	2.7351	4.0858	8	23.3995	15.6642
9	3.0770	4.5965	9	26.3245	17.6222
10	3.4189	5.1072	10	29.2494	19.5800
100	34.1887	51.0720	100	292.4944	195.8000
1000 ..	341.8869	510.7198	1000	2924.9437	1956.0000

3. Valeurs des monnaies des divers pays.

	fr.
Angleterre. Guinée (21 shillings)	26.35
Livre sterling (souverain)	25.00
Couronne (5 shillings).	6.25
Shilling (12 pence). .	1.25
Penny	0.1042
Russie. Ducat à l'aigle déployée	11.78
— Rouble (4 solotniks)	4.00
— Solot (25 copecks)	1.00
Copeck	0.04
Danemark. Frédéric (8 rixdalers) . . .	20.32
— Rixdaler d'espèce (double écu) . . .	5.68
— Rixdaler courant (rigsbankdaler) . .	2.84
Suède. Ducat . . .	11.70
— Species	5.66
— Skilling	0.045
Autriche, Bohême, Hongrie. Souverain.	34.84
— Ducat impérial . .	11.81
— Rixdaler (species reichsthaler) . . .	5.61
— Couronne (écu de Brabant)	5.78
— Florin (gulden) . .	2.59
Kreutzer	0.043
Allemagne et Prusse. Thaler	3.75
— Florin	2.1428
— Kreutzer	0.0357
Villes hanséatiques. Ducat de legem (imperii)	11.85
— Rixdaler de constitution	5.78
Hollande et Pays-Bas. Ducat de Hollande.	11.78
— Ryder	31.40
— Guillaume	21.25
— Demi-Guillanme . .	10.62
— Drei-Gulden de 1848	5.36
— Florin de 1848 . .	2.10
— Cent	0.02
Portugal. Couronne de Portugal	62.50
— Teston	0.62

	fr.
Espagne. Quadruple d'Espagne	85.42
— Doublon (1/2 quadruple)	42.70
— Doublon d'Isabelle (1848)	27.40
— Pistole	21.60
— Ecu d'or	10.80
— Piastre d'or ou d'argent (1848)	5.40
— Réal	0.27
— Ochavo	0.016
— Maravédis	0.008
Etats Romains. Zecchino (sequin) . . .	11.77
— Doppia	17.12
— Mezza doppia . . .	8.56
— Scudo	5.35
— Paolo	0.53
— Bajocco	0.05
Grèce. Othon	17.90
— Ecu	4.47
— Drachme	0.90
Turquie. Memdonyé . .	4.52
— Bechlick . . .	0.80
— Crouch-piastre . .	0.16
— Altelek	1.29
— Yrmilick	0.06
— Piastre (monnaie de compte)	0.24
— Para id . . .	0.006
— Aspre id . . .	0.002
Etats-Unis. Double-aigle (1837)	51.98
— Dollar (1837) . . .	5.40
— Cent	0.054
Havane. Onza espanola	91.80
— Doblon	22.95
— Onza méjicana . .	86.40
— Peso fuerte (10 réaux	5.50
— Réal fuerte	0.54
République orientale. Once-Montevideo . .	86.40
— Patacon (piastre forte)	5.40
— Réal	0.67
— Vintin	0.11 1/4
— Cuivre	0.03
Brésil. Dobrao	169.61

	fr.		fr.
Brésil. Portugaise ou lisbonnine	40.75	*Perse*. Roupie. . . .	2.16
— Couronne (22 cruzades 1/2).. . . .	30.16	*Inde*. Mohur de Calcutta.	41.87
— Cruzade neuve (or)	3.36	— *Id*. de Tippoo. . .	40.57
— Cruzade neuve (argent).	6.12	— Pagode étoilée.. .	9.38
Chili. Piastre.. . . .	5.40	— Roupie de la compagnie	2.38
— Réal.	0.675	*Id*. de Calcutta.. . .	2.53
— Cent.	0.054	*Chine*. Tael (le-ang) (valeur moyenne)..	7.50
Perse. Mohur de la compagnie anglaise.	36.83	— Mace (tseen) *id*..	0.75
— Toman.	15.95	— Tandarin (fun) *id*..	0.075
		— Tash (le ou li) *id*..	0.0075

4. CALCUL DES INTÉRÊTS. — ANNÉE CIVILE (de 365 jours).

Tableau servant à trouver le nombre de jours d'intérêt d'une époque à une autre dans un délai de douze mois

	Février	Mars	Avril	Mai	Juin	Juillet	Août	Septembre	Octobre	Novembre	Décembre	Janvier	Février	Mars	Avril	Mai	Juin	Juillet	Août	Septembre	Octobre	Novembre	Décembre
Janvier.	31	59	90	120	151	181	212	243	273	304	334	365											
Février.		28	59	89	120	150	181	212	242	273	303	334	365										
Mars.			31	61	92	122	153	184	214	245	275	306	337	365									
Avril.				30	61	91	122	153	183	214	244	275	306	334	365								
Mai.					31	61	92	123	153	184	214	245	276	304	335	365							
Juin.						30	61	92	122	153	183	214	245	273	304	334	365						
Juillet.							31	62	92	123	153	184	215	243	274	304	335	365					
Août.								31	61	92	122	153	184	212	243	273	304	334	365				
Septembre									30	61	91	122	153	181	212	242	273	303	334	365			
Octobre.										31	61	92	123	151	182	212	243	273	304	335	365		
Novembre.											30	61	92	120	151	181	212	242	273	304	334	365	
Décembre.												31	62	90	121	151	182	212	243	274	304	335	365

N. B. Les chiffres indiqués à ce tableau sont le nombre des jours qui séparent deux mois quelconques, de 1er en 1er, de 15 en 15, ou de *telle* date d'un mois à la *même* date de tout autre mois.

On obtiendra le nombre de jours d'intervalle pour deux dates dissemblables en ajoutant ou retranchant une différence toujours facile à calculer.

Pour les années bissextiles comme 1868 ajouter le 29 février.

Exemple :

Pour savoir le nombre de jours du 15 avril au 18 septembre, voir d'abord le nombre de jours du 15 avril au 15 septembre (ce qui est le même que du premier au premier) = 153, et y ajouter trois jours, total 156.

TABLE DES MATIÈRES

1275-79. — St-Ouen (Seine). — Imprimerie Jules Boyer (Soc. gén. d'Imp.)